French for Engineering

French for Engineering prepares students to study and intern in France as engineers.

Aimed at students at the CEFR B1 or ACTFL Intermediate-High level, the textbook uses a step-by-step progression of language-learning tasks and activities to develop students' skills at the CEFR C1 or ACTFL Advanced-High level. Authentic documents present students with tasks they will encounter as engineering students or interns in France.

Online resources include a teacher handbook and a workbook with vocabulary-building activities, grammar-mastery exercises, and listening and reading comprehension activities, followed by questions requiring critical thinking. It is organized in parallel with the textbook based on the flipped-classroom concept.

Lars Erickson is a Professor of French and the Director of the French International Engineering Program at the University of Rhode Island, Kingston, USA.

French for Engineering

Lars Erickson

LONDON AND NEW YORK

First published 2018
by Routledge
2 Park Square, Milton Park, Abingdon, Oxon OX14 4RN

and by Routledge
711 Third Avenue, New York, NY 10017

Routledge is an imprint of the Taylor & Francis Group, an informa business

© 2018 Lars Erickson

The right of Lars Erickson to be identified as author of this work has been asserted by him in accordance with sections 77 and 78 of the Copyright, Designs and Patents Act 1988.

All rights reserved. No part of this book may be reprinted or reproduced or utilised in any form or by any electronic, mechanical, or other means, now known or hereafter invented, including photocopying and recording, or in any information storage or retrieval system, without permission in writing from the publishers.

Trademark notice: Product or corporate names may be trademarks or registered trademarks, and are used only for identification and explanation without intent to infringe.

British Library Cataloguing-in-Publication Data
A catalogue record for this book is available from the British Library

Library of Congress Cataloging-in-Publication Data
A catalog record has been requested for this book

ISBN: 978-1-138-05238-3 (hbk)
ISBN: 978-1-138-05240-6 (pbk)
ISBN: 978-1-315-16783-1 (ebk)

Typeset in Times New Roman
by Apex CoVantage, LLC

Visit the eResources: www.routledge.com/9781138052406

Contents

Acknowledgements		vi
1	La préparation académique	1
2	Connaître des entreprises en France	16
3	À la recherche d'un stage	27
4	Communiquer des données chiffrées, des équations, et des graphes	37
5	Déterminer les étapes, la durée, et le coût d'une solution	50
6	Présenter une solution technique à un public non-spécialisé	64
7	Mener des expériences	74
8	Dépanner le client	90
9	Participer à une réunion technique	102
	Index	115

Acknowledgements

De nombreuses personnes ont contribué à la réalisation de ce projet.

En particulier, je remercie toute l'équipe de l'ISA BTP, une école chaleureuse qui m'a accueilli sans hésitation et qui a mis à ma disposition ses ressources et ses connaissances. Le professeur Stéphane Abadie a préparé mon arrivée. Le directeur de l'école, Gilles Pijaudier-Cabot, a fait l'invitation officielle. Pour son aide avec toutes les questions scientifiques et techniques, je remercie en particulier Olivier Nouailletas; il m'a fait comprendre ces questions, ce qui témoigne de son talent de pédagogue. Pour son généreux partage de ses documents pédagogiques et ses bonnes blagues gauloises, je suis très reconnaissant à Hélène Carré. Pour m'avoir accepté, bien que j'aie squatté dans leur bureau, je remercie Lucie Clous, Manuel Martin Medina, et Iñaki de Santiago Gonzalez dont le dernier m'a aidé avec des explications théoriques et des leçons appliquées des phénomènes côtiers.

Je remercie l'Université de Rhode Island qui m'a accordé le congé sabbatique pendant lequel j'ai eu le temps de compléter ce travail. En plus, je remercie le Center for the Humanities de l'Université de Rhode Island qui m'a accordé des fonds pour les autorisations de reproduction des documents utilisés dans le manuel.

Deborah Reisinger de Duke University, Heather McCoy de Pennsylvania State University, et Randa Duvick de Valparaiso University ont guidé et encouragé ce projet d'une manière importante. Je ne suis pas sûr qu'elles sachent combien leurs conseils ont aidé à définir ce manuel.

Mes collègues dans la section de français de l'Université de Rhode Island ont donné des retours précieux sur des brouillons des chapitres. Céline Jacquenod, Leslie Kealhofer-Kemp, Matt Kemp, JoAnn Hammadou-Sullivan, et Karen de Bruin: je vous remercie pour le temps que vous m'avez accordé.

Mes étudiants dans l'International Engineering Program de l'Université de Rhode Island forment les racines de ce projet et ainsi je suis reconnaissant de leur bonne volonté d'avoir utilisé les premières versions du manuel. Leur esprit d'aventure m'inspire toujours.

Quoique tout à fait parallèle à la réalisation de ce projet, il est bien de remercier la section Triathlon de l'Aviron bayonnais qui m'a donné plusieurs occasions de faire oublier le travail, de me pousser jusqu'à mes limites, et ensuite de me redonner envie de revenir au travail pour me reposer.

Finalement, je voudrais remercier ma petite équipe bayonnaise, Julie et Brinik, qui ont témoigné toutes les joies de ce projet et qui ont bien voulu partager cette expérience avec moi. Vous m'avez soutenu et vous m'avez supporté.

1 La préparation académique

ÉTAPE 1

[*À la fin de cette classe, vous serez capable de parler de vos cours, des cours et des cursus typiques pour des branches d'ingénierie, et de comparer des cursus en France à ceux de votre pays.*]

1 La mise en train

Trouvez quelqu'un dans la classe qui ...

- a la même spécialisation que vous
- aime bien les mathématiques
- connaît le mot pour la branche d'ingénierie liée aux ordinateurs
- n'a pas fait ses devoirs pour cette classe
- a déjà fait un stage en tant qu'étudiant-ingénieur
- se spécialise dans la même matière qu'un autre étudiant dans la classe
- a une calculatrice dans son sac à dos
- préfère écrire avec un crayon qu'avec un stylo.

2 Des écoles d'ingénierie en France

Dans vos devoirs, les activités vous ont présenté ces trois écoles d'ingénierie. Dans des groupes, discutez-les en répondant aux questions ci-dessous.

a   Laquelle est la plus spécialisée? Pourquoi?
b   Qu'est-ce qu'il y a en commun entre ces trois écoles? Pensez à deux choses.
c   Comment définiriez-vous en français l'expression "tronc commun"?
d   À laquelle préféreriez-vous étudier? Quelles sont vos raisons?

Figure 1.1

2 *La préparation académique*

3 Les cours à suivre

3.1 *Quel est votre parcours?*

Répondez aux questions ci-dessous pour parler de vous et de vos études.

a   Quelle est votre spécialisation?

b   Lesquelles de ces trois écoles offrent votre spécialisation? Si aucune, quelle est une spécialisation offerte qui s'approche le plus de la vôtre?

3.2 *Quelles sont leurs études?*

Lisez la description brève de chaque étudiant de l'UTC. Demandez à un partenaire: "Quelle est la branche de génie probable pour cet étudiant?". Répondez en utilisant le verbe "se spécialiser".

Etudiant A	*Etudiant B*	*Etudiant C*	*Etudiant D*
Elle s'intéresse aux réactions chimiques. C'est vraiment les usines et la production des produits qui la passionnent. C'est à dire qu'elle aime l'idée de transformer des matières simples en un produit plus complexe.	A un certain moment, il a pensé devenir architecte, mais il n'aime pas vraiment le dessin. Il étudie les bâtiments et les structures qui les connectent à tous les aspects d'une ville.	Elle adore programmer. Depuis très longtemps elle se passionne pour les ordinateurs. Elle suit des cours de C++ et de Python.	Il aime la robotique et l'automatisation. Il voudrait créer les machines qui aident à fabriquer des produits. Il aime le côté pluridisciplinaire de sa spécialisation.

3.3 *Quels cours est-ce que vous avez déjà suivis?*

Regardez cette liste de quelques cours du tronc commun de l'UTC et ensuite faites les activités en bas de la liste. Notez que les cours français peuvent se diviser en trois parties. La partie cours désigne les heures en classe, souvent en amphithéâtre, en écoutant le professeur. La partie TD veut dire travaux dirigés et c'est souvent des problèmes à résoudre. La partie TP veut dire travaux pratiques et en général ça se passe en labo où on fait des manipulations.

a   Quels sont les cours de la liste ci-dessous que vous avez déjà suivis? Dressez-en une liste de six.

b   Mettez-vous avec un partenaire et demandez-lui: "Quels sont les cours que tu as déjà suivis?"

c   Dites à la classe une différence et une similarité entre vos réponses et celles de votre partenaire.

| | | | | Heures (Cours, TD, TP) | | | | | |
Code	Places	Enseignements	Crédits	Cours	TD	TP	Final?	Cat.	Responsable
AR03	-	Art et technologies contemporaines	4	16	32	-	Oui	TSH	Barbara OLSZEWSKA
AV01	-	Initiation à l'analyse et à la réealisation audiovisuelle	4	16	30	-	Non	TSH	Sylvestre MIGET
BA03	-	Matériaux de construction	6	32	32	-	Oui	CS	Fabien LAMARQUE
BL01	-	Sciences biologiques pour l'ingénieur	6	32	30	24	Oui	CS	Murielle DUFRESNE
BL10	-	Structures et physicochimie des molécules biologiques	6	32	32	24	Oui	CS	Karsten HAUPT
BL20	-	Metabolisme et physiologie cellulaire	6	32	32	24	Oui	CS	Séverine PADIOLLEAU-LEFEVRE
BT09	-	Industries agro-alimentaires – qualités de l'aliment	6	32	32	16	Oui	TM	Elisabeth MOUTON
CM04	-	Procédés industriels	6	32	32	-	Oui	TM	Aissa OULD DRIS
CM05	-	Thermodynamique chimique	6	32	32	-	Oui	CS	François GOMEZ
CM11	-	Chimie générale	6	32	32	24	Oui	CS	André PAUSS
CM12	-	Chimie physique minérale	6	32	32	-	Oui	CS	Jamal BELKOUCH
CM13	-	Chimie des substances organiques et biologiques	6	32	32	24	Oui	CS	Claire ROSSI
CM13		Chimie des substances organiques et biologiques	6	32	32	24	Oui	CS	Claire ROSSI
C2I1		Certificat informatique et internet niveau 1	4	2	20	-	Non	TM	Philippe TRIGANO
DI01		Initiation au design industriel	4	32	10	-	Oui	TSH	Anne MEULEAU
DI02		Initiation au design graphique	4	32	32	-	Non	TSH	Christophe HARBONNIER
EN21		Bases de l'électronique analogique	6	32	24	24	Oui	CS	Christophe FORGEZ
FQ01		Économie globale et maîtrise de la qualité	6	45	24	-	Oui	TM	Jean-Marc PICARD
GE10		Économie politique	4	16	32	-	Oui	TSH	David FLACHER
GE13		Les risques entre technique et société	4	16	32	-	Non	TSH	Celine PIERDET
GE15		Initiation à la création et gestion d'entreprises innovantes	4	16	32	-	Non	TSH	Joseph ORLINSKI
GE20		Économie industrielle	4	16	32	-	Oui	TSH	Frédéric HUET
GE21		Économie et gestion de l'innovation et du numérique	4	16	32	-	Oui	TSH	David FLACHER
GE22		Économie internationale	4	16	32	-	Oui	TSH	Luc MEZZA
GE27		Gestion financière de l'entreprise	4	16	32	-	Oui	TSH	Christine DIVRY-GROFF

(*Continued*)

(Continued)

Code	Places	Enseignements	Crédits	Cours	TD	TP	Final?	Cat.	Responsable
				Heures (Cours, TD, TP)					
GE28		Économie et droit de la propriété intellectuelle (industrielle et artistique) dans une économie reposant sur la connaissance	4	32	16	-	Oui	TSH	Yann MOULIER BOUTANG
GE29		Gestion et management international de l'entreprise	4	16	32	-	Oui	TSH	Az-Eddine BENNANI
GE36		Marketing	4	16	32	-	Oui	TSH	Didier SERRANT
HE01		Épistémologie et histoire des sciences	4	16	32	-	Oui	TSH	Pierre STEINER
HE03		Logique: histoire et formalisme	4	16	32	-	Oui	TSH	Dominique FONTAINE
IA01		Intelligence artificielle: représentation	6	32	32	12	Oui	CS	Marié-Héiène ABEL
LO01		Bases de la programmation	6	32	32	16	Oui	TM	Henry CLAISSE
LX13		Npml anglais niveau III	4	-	32	-	Non	TSH	Valérie BOUCHARDON
MA90		Fonctions d'une variable réelle 1 (en autonomie)	4	1,5	12	-	Non	CS	Faten JELASSI
MA91		Fonctions d'une variable réelle 2 (en autonomie)	3	-	12	-	Non	CS	Faten JELASSI
MI01		Structure d'un calculateur	6	32	32	16	Oui	TM	Marc SHAWKY
MQ01		Éléments de résistance des materiaux	6	32	24	14	Oui	CS	Frédéric MARIN
MQ03		Mécanique des vibrations -1	6	32	32	20	Oui	CS	Étienne ARNOULT
MQ20		Introduction à la mécanique des solides et des fluides	6	32	32	-	Oui	CS	Luhui DING
MS01		Méthodes d'analyse physico-chimique	5	32	-	12	Oui	TM	François OUDET
MT09		Analyse numérique	6	32	32	16	Oui	CS	Vincent MARTIN
MT12		Techniques mathématiques pour l'ingénieur	6	32	32	16	Oui	CS	Nikolaos LIMNIOS
MT22		Fonctions de plusieursvariables reélles et applications	6	32	32	-	Oui	CS	Abdellatif EL BAD IA
MT23		Algèbre linéaire et applications	6	32	32	-	Oui	CS	Véronique HEDOU
MT90		Fonctions d'une variable réelle 1	4	24	24	-	Oui	CS	Faten JELASSI
MT91		Fonctions d'une variable réelle 2	3	24	24	-	Oui	CS	Faten JELASSI
NA17	0	Conception De Bases De Données (Autonomie)	6	2	-	-	Non	TM	Stéphane CROZAT
NF01	170	Algorithmique Et Programmation	6	24	32	16	Oui	TM	Philippe TRIGANO

La préparation académique 5

(Continued)

NF02	96	Du Circuit Intégré Au Microprocesseur	6	24	32	14	Oui	TM	Catherine MARQUE
NF04	125	Modélisation Numérique Des Probièmes De L'Ingénieur	6	32	32	-	Oui	CS	Emmanuel LEFRANCOIS
NF16	168	Algorithmique Et Structures De Données	6	32	32	16	Oui	CS	Aziz MOUKRIM
NF22	72	Micro-Ordinateurs Et Applications	6	24	32	16	Oui	TM	Sofiane BOUDAOUD
NF92	66	Traitement Automatique De L'Information	6	32	32	16	Oui	TM	Jean-Paul BOUFFLET
NF93	114	Sciences De L'Informatique	6	32	32	-	Oui	CS	Dominique FONTAINE
NP90	0	Nano-Projets	3	-	-	-	Non	TM	Jérôme DE MIRAS
PH01	25	Introduction À La Philosophie	4	32	32	-	Non	TSH	Jean-Françpois GAUDEAUX
PH02	24	L'Ingénieur, Le Philosophe Et Le Scientifique	4	16	32	-	Non	TSH	Hugues CHOPLIN
PH03	26	Penser La Technique Aujourd'Hui	4	32	16	-	Non	TSH	Cléo-Marie COLLOMB

3.3 Regardez la liste des cours après le nom de ces étudiants ci-dessous

Pour chaque étudiant, identifiez sa spécialisation. Choisissez vos réponses de cette liste: le génie biomédical, le génie civil, le génie aéronautique, le génie électronique, le génie informatique, le génie des procédés.

a   Emmanuel: DI01 – Initiation au Design Industriel, SR06 – Sécurité Système et Réseau, PS90 – Introduction à la mesure
b   Rachida: CM12 – Chimie Physique Minérale, PH02 – L'Ingénieur, Le Philosophe, et Le Scientifique, UB02 – Systèmes de Transport Urbain
c   Philippe: SO04 – Initiation au Droit, LG 31 – Japonais Niveau I, EC01 – Électronique et capteurs
d   Luis: BL01 – Sciences Biologique pour l'Ingénieur, EV02 – Conception de Procédés Propres, SI11 – Expression orale-Parole Publique
e   Emily: MU01 – Pratique Instrumentale D'Ensemble, CM11 – Chimie Générale, BM06 – Traitement d'Images Médicales

4 Vos cours

Écrivez une liste des cours que vous suivez ce semestre. Ensuite, dites à un partenaire les cours que vous avez et il devinera quelle est votre année et votre spécialisation. Après avoir écouté votre partenaire, partagez avec la classe les similarités et différences entre vous.

ÉTAPE 2

[À la fin de cette classe, vous serez capable de parler du contenu des cursus d'ingénieurs et d'exprimer votre appréciation des cours d'une manière culturellement appropriée.]

6 *La préparation académique*

Figure 1.2
Source: Ed Brambley (CC BY-SA 2.0), www.lemonde.fr/ingenieurs-sciences/article/2015/06/03/d-ou-viennent-leseleves-des-ecoles-d-ingenieur_4646173_4468267.html

1 La mise en train

Regardez cette image d'une classe dans une école d'ingénieurs en France (Figure 1.2). Qui sont les personnes et que font-ils? Pouvez-vous décrire trois objets qui se trouvent dans la classe? Les étudiants, s'intéressent-ils au cours? Pourquoi le pensez-vous? Qu'est-ce-que vous remarquez de particulier?

2 Qu'est-ce que vous pensez de vos cours?

Posez ces questions à un partenaire et notez ses réponses.

a   Quel est ton cours le plus difficile ce semestre?
b   Est-ce que tu préfères les cours magistraux ou les travaux pratiques?
c   Quel est un cours que tu as où le professeur n'utilise pas très souvent un projecteur?
d   Dans quel cours est-ce que l'informatique joue un rôle important?
e   Quel est le cours le plus social que tu as?
f   Est-ce que vous aimez les cours avec des projets?

3 Qu'est-ce qu'on a apprécié et appris dans ses cours?

Pour que quelqu'un sache quelles sont vos compétences et vos connaissances, il est important de pouvoir décrire ce que vous avez appris dans vos cours.

3.1 *Lisez ce passage dans lequel un étudiant de l'INSA explique le contenu de son cours*

Répondez aux questions qui se trouvent en bas du témoignage

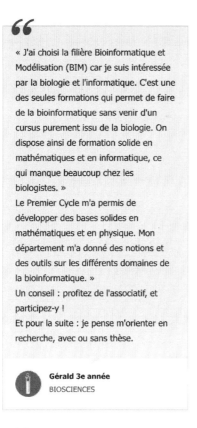

Figure 1.3

Source: www.insa-lyon.fr/fr/T%C3%A9moignages/formation/Biosciences?f=9722

Questions

1. Selon Gérald, qu'est-ce qui est propre à la formation BIM à l'INSA?
2. Outre la biologie, quelles matières sont importantes pour la BIM?
3. Le conseil de Gérald est plutôt:

   a social
   b théorique
   c économique
   d académique

3.2 L'appréciation d'un entrepreneur

Avant d'écouter

Regardez ces deux images de deux sortes d'avions (Figures 1.3 and 1.4). Quelles sont deux conséquences de la différence de taille entre ces deux sortes d'avions? Quelle sorte de personne est le passager typique de chaque avion?

Figure 1.4

Source: Greenboost (Own work) [Public domain], via Wikimedia Commons, https://commons.wikimedia.org/wiki/File:Avions_2F.jpg

Figure 1.5

Source: FaceMePLS from The Hague, The Netherlands (Dassault Falcon 2000) [CC BY 2.0 (http://creativecommons.org/licenses/by/2.0)], via Wikimedia Commons https://commons.wikimedia.org/wiki/File%3ADassault_Falcon_2000_(1580747306).jpg

Écoutez

Le témoignage vidéo de Corentin Denoeud: Allez à cette page www.insa-lyon.fr/fr/Témoignages/~/~/ et cliquez sur la vidéo de son témoignage.

- Qu'est-ce que son entreprise, Wijet, fait?
- Quel est le lien entre le service qu'offre Wijet et la spécialisation en informatique de Corentin?
- Donnez deux exemples montrant comment sa formation à l'INSA l'aide à diriger son entreprise?

Après avoir écouté

- Pourquoi est-ce que ce service plaît aux gens?
- Quelle est l'innovation principale de Monsieur Denoeud?
- Qu'est-ce qu'une école d'ingénieurs peut faire pour encourager l'entrepreneuriat de ses étudiants?

3.3 *Qu'est-ce que vous aimez dans les cours?*

D'abord, écrivez une liste de tous les cours que vous suivez ce semestre. Ensuite, écrivez une chose que vous aimez dans chaque cours. Variez les choses que vous aimez.

4 Une conversation culturellement appropriée

Une différence culturelle: quand on parle des appréciations des choses, les Américains ont tendance à s'enthousiasmer. Par contre, les Français expriment leur appréciation d'une manière plus restreinte. Par exemple, un Américain pourrait dire: "J'adore ce cours! Le prof est excellent!" Et pour exprimer les mêmes sentiments, un Français pourrait dire: "J'aime bien ce cours. Le prof n'est pas mal."

Utilisez la liste que vous avez faite dans l'Activité 3.3. et expliquez à votre partenaire, à la manière restreinte des Français, ce que vous aimez dans vos cours.

5 Qu'est-ce que vous avez appris dans vos cours?

Écrivez les titres en français de trois cours d'ingénierie que vous avez suivis. Ensuite, écrivez deux choses que vous avez apprises dans chacun de ces cours. Donnez un exemple d'une activité ou d'un exercice que vous avez réalisé pour faire preuve de ces connaissances.

ÉTAPE 3

[*À la fin de cette classe, vous serez capable de parler au passé de ce que vous avez fait dans vos cours et de ce que vous avez appris. Vous serez capable d'utiliser la stratégie de l'écoute active pour indiquer votre suivi et votre intérêt d'une conversation.*]

1 La mise en train

Faites un sondage dans la classe. Formez un groupe de cinq personnes et posez ces questions aux membres de votre groupe.

- Est-ce que tu as eu un contrôle écrit dans une classe la semaine dernière?
- Est-ce que tu as réalisé des expériences dans une classe le semestre dernier?

10 *La préparation académique*

- Est-ce que tu t'es endormi(e) dans une classe l'année dernière?
- Est-ce que tu as fait de la programmation dans un cours le semestre dernier?
- Est-ce que tu as écrit un rapport avec des graphiques ou des images l'année dernière?

Ensuite, faites un résumé oral des résultats à toute la classe.

2 Qu'est-ce que vous avez fait dans les cours?

D'abord, écrivez une liste de tous les cours que vous avez suivis le semestre dernier. Ensuite, écrivez une chose que vous avez faite dans chaque cours que vous avez aimée et une chose que vous avez faite dans chaque cours que vous n'avez pas aimée.

3 Quelles stratégies de communication?

Formez un groupe de trois et partagez entre vous vos appréciations de vos cours. Référez-vous aux cours que vous avez fournis dans l'activité précédente, mais cette activité est orale, donc il est strictement interdit de lire ce que vous avez écrit. Utilisez la stratégie de communication "l'écoute active" pour créer une conversation dynamique. Pour l'écoute active, vous faites de petites interruptions pendant que votre partenaire parle pour montrer que vous suivez ce qu'il dit. On ne veut pas une série de monologues; ce n'est pas très français, alors ne soyez pas gêné d'interrompre vos partenaires. Pour cette activité, vous allez utiliser l'écoute active pour trois raisons: pour confirmer que vous avez compris, pour demander une précision, et pour proposer une tendance. Utilisez les expressions dans la boîte à mots ci-dessous.

Confirmation de la compréhension	Demander une précision	Proposer une tendance
"Si je comprends bien, tu veux dire ..." "Alors, autrement dit, tu ..."	"Attends, quelle est la chose que tu n'as pas aimée?" "Et dis-moi pourquoi tu as aimé ce cours?"	"Ah, donc, en général, tu ..." "Alors, tu préfères plutôt ..."

4 Qu'est-ce qu'on fait dans les cours?

Vous avez ci-dessous une liste d'activités qu'on fait dans des cours. Sélectionnez les choses que vous avez déjà faites et écrivez quelques notes pour indiquer ce que vous avez appris en les faisant. Ajoutez aussi deux activités importantes que vous avez faites qui ne sont pas sur cette liste. Ensuite, à l'oral, dites à la classe ce que vous avez fait, ce que vous avez appris en le faisant, et comment était l'expérience.

Calcul vectoriel, nombres complexes, fonctions trigonométriques	Utilisation d'un logiciel de présentation	Révision générale et consolidation de certains points clés de la grammaire
Utilisation d'un tableur	Notation matricielle	Calculer les efforts appliqués sur des systèmes mécaniques isostatiques plans et spatiaux simples

Calcul vectoriel, nombres complexes, fonctions trigonométriques	Utilisation d'un logiciel de présentation	Révision générale et consolidation de certains points clés de la grammaire
Réaliser un plan de coffrage avec un logiciel de DAO	Créer une page WEB incluant des listes, tableaux, images et liens	Analyser l'image et les fonctionnements des médias en général
Résoudre les équations différentielles ordinaires	Modélisation et dimensionnement de poutres isostatiques sollicitées en flexion simple	Appréhender le modèle du gaz parfait et ses équations d'état

5 Réflexion sur son apprentissage

Pensez à votre performance pendant l'activité précédente. Prenez quelques minutes pour écrire sur une feuille de papier des aspects de votre français qui ont besoin de plus de développement (vides de vocabulaire, un domaine ou un cours spécifique que vous n'avez pas pu décrire, des choses grammaticales que vous n'avez pas maîtrisées, etc)

ÉTAPE 4

[*À la fin de cette classe, vous serez capable de comprendre des documents au sujet de la formation des ingénieurs en France et d'analyser les différences entre la formation des ingénieurs en France et dans votre pays.*]

1 La mise en train

Trouvez quelqu'un dans la classe qui ...

- souffre beaucoup ce semestre à cause des cours
- a découvert une nouvelle chanson qu'il aime
- n'a pas fait ses devoirs pour cette classe
- a suivi un cours de programmation C++
- peut vous offrir des conseils sur les cours de mathématiques.

2 Quelles sont vos compétences et vos capacités?

Demandez à un partenaire s'il a la compétence ou la capacité ci-dessous. En formant la question, vous devez changer le nom en verbe. Vous pouvez aussi ajouter le verbe *savoir* ou *pouvoir*. Votre partenaire vous répondra avec un adverbe de degré de la liste ci-dessous. Suivez le modèle et variez la structure de vos phrases autant que possible.

Modèle

> **Vous** – Est-ce que tu utilises/peux utiliser/sais utiliser le vocabulaire de base lié au bâtiment?
> **Votre partenaire** – J'utilise/je peux utiliser/sais utiliser parfois le vocabulaire de base lié au bâtiment.

12   *La préparation académique*

Les compétences et les capacités

- Utilisation du vocabulaire de base lié au bâtiment
- Maîtrise des techniques d'expression orale
- Compréhension des principaux mécanismes impliqués dans la physiologie cellulaire
- Connaissance des outils de calcul différentiel en une variable
- Réalisation du bilan de puissances active et réactive d'un circuit
- Apprentissage de la cinématique des fluides
- Connaissance des principaux textes de la reglémentation pour assurer la sécurité et la prévention sur un chantier
- Apprentissage du codage HTML
- Résolution des problèmes traités en statique et résistance des matériaux
- Utilisation d'un traitement de texte
- Connaissance des caractéristiques des courbes et surfaces de degré 2 et savoir les interpréter d'un point de vue analytique
- Comparer les techniques constructives les plus couramment utilisées pour le gros œuvre et le second œuvre d'un bâtiment

---

Les adverbes de degré

très souvent	parfois	assez	un peu	ne ... pas du tout
toujours	en général	passablement	rarement	ne ... jamais

---

3 Faites une discussion

Expliquez en groupes les choses que vous appréciez le plus de votre préparation académique. Parlez de la qualité de l'enseignement, de la variété des cours, de la possibilité de mettre en application des connaissances théoriques, et aussi du développement des compétences de communication. Utilisez les stratégies de l'écoute active pour montrer que vous suivez les réponses de vos partenaires. N'oubliez pas que les Français préfèrent en général des conversations qui ont plusieurs petits échanges rapides entre les interlocuteurs plutôt qu'une succession de discours assez longs.

Confirmation de la compréhension	*Demander une précision*	*Proposer une tendance*
"C'est à dire que ..."	"Attends, est-ce que c'est une chose que tu apprécies beaucoup ou un peu?"	"Ah, donc, en général, tu ..."
"Si je comprends bien, tu veux dire ..."		"Alors, tu préfères plutôt ..."
"Alors, autrement dit, tu ..."	"Et dis-moi pourquoi tu as aimé ce cours?"	

---

4 Quel futur pour les écoles d'ingénieurs?

L'article ci-dessous vient du Ministère de l'Education Nationale, de l'Enseignement Supérieur et de la Recherche.

Avant de lire

a   Quels sont les liens entre les ingénieurs et l'industrie?
b   A votre avis, quel est le rôle du Ministère de l'Education Nationale, de l'Enseignement Supérieur et de la Recherche? [Nota bene: Le ministère est l'agence ou une entité gouvernementale et par contre le ministre ou la ministre est la personne qui est le chef de l'agence]

Lisez l'article

Faire des ingénieurs les acteurs de la nouvelle France industrielle

Lors d'un déplacement à l'école chimie Paris Tech sur le thème "Qui seront les ingénieurs de demain ?", Geneviève Fioraso a insisté sur la nécessité de donner aux futurs ingénieurs les moyens d'être les acteurs de la nouvelle France industrielle et innovante.

COMMUNIQUÉ – 7.11.2013

Geneviève Fioraso

"Nous devons anticiper l'avenir et faire des ingénieurs des acteurs de la nouvelle France industrielle, d'une société de progrès et d'innovation." Tel était le message porté par Geneviève Fioraso lors d'un déplacement à l'école chimie Paris Tech, organisé sur le thème "qui seront les ingénieurs de demain", en présence de Christian Lerminiaux, président de la Conférence des directeurs des écoles françaises d'ingénieurs (CDEFI) et de Philippe Jamet, Président de la Conférence des Grandes Ecoles (C.G.E.).

Selon une étude,[1] 49% des ingénieurs diplômés sont employés dans l'industrie et 41% dans les sociétés de services. Et, alors que 10% des ingénieurs créent des entreprises aux Etats-Unis, seuls 5% des ingénieurs créent leur entreprise en France.

Au lendemain de la présentation du Plan innovation, qui vient renforcer la démarche des 34 plans industriels de la Nouvelle France Industrielle engagée par le Président de la République, la ministre a plaidé pour que les écoles d'ingénieurs et grandes écoles contribuent à anticiper ces nouveaux métiers de l'industrie, à encourager la carrière des jeunes diplômés dans les P.M.E.-P.M.I., à développer davantage l'esprit d'entreprendre et d'innovation.

Saluant le modèle des écoles d'ingénieurs et grandes écoles françaises très reconnu à l'international, la ministre a souhaité que les écoles d'ingénieurs, qui font d'ores et déjà un effort important pour renforcer leur recherche, travaillent en lien étroit avec les universités et les organismes de recherche pour contribuer à cette politique nationale d'innovation, dans l'esprit même de la loi du 22 juillet 2013.

Comme l'a précisé la ministre, "pour relever le défi de la réindustrialisation, de la compétitivité et de l'emploi, nous devons ensemble anticiper les métiers de demain, préparer nos ingénieurs à s'adapter dans un monde aux mutations de plus en plus rapides. Le métier d'ingénieur est au centre de cette révolution industrielle, économique et culturelle. Les

14 *La préparation académique*

> ingénieurs contribuent à la conception de l'usine du futur, à préparer la transition énergétique. Le modèle du docteur ingénieur doit aussi se développer et être reconnu par les entreprises."
>
> Enfin, face à ces défis, Geneviève Fioraso a plaidé pour que les ingénieurs de demain soient aussi des ingénieures, en rappelant que, si aucune mesure n'était prise, il faudrait attendre 2075 pour atteindre la parité dans les écoles d'ingénieurs.[2]
>
> Le ministère de l'Enseignement supérieur et de la Recherche a signé, le 29 janvier 2013, une charte pour l'égalité Femmes/Hommes avec la CDEFI, la C.G.E. et la C.P.U.. Lors de ce déplacement, l'ensemble des acteurs ont réaffirmé leur mobilisation en faveur d'une plus grande parité.
>
> 1ère publication: 7.11.2013 – Mise à jour: 13.11.2013 – affiché sur: www.enseignementsup-recherche.gouv.fr/cid74873/faire-des-ingenieurs-les-acteurs-de-la-nouvelle-france-industrielle.html

a   Quelle est la différence à l'égard de l'entrepreneuriat en France et aux USA?
b   Comment est-ce que cette différence est liée au message principal de Mme Fioraso?
c   Quels sontles deux changements qu'elle prône pour l'enseignement des ingénieurs?
d   Quel rôle économique imagine-t-elle pour l'ingénieur du futur?

Après l'avoir lu

En quoi est-ce que la formation supérieure d'un pays est-elle important pour la qualité de vie de ce pays? En quoi les ingénieurs sont-ils importants pour cette qualité de vie? Qu'est-ce que les autres formations (humanistes, commerciales, médicales, scientifiques) peuvent apporter à cette qualité de vie que les ingénieurs ne peuvent pas?

ÉTAPE 5

[À la fin de cette classe, vous serez capable de faire des comparaisons entre la formation des ingénieurs en France et dans votre pays, de les synthétiser dans un rapport formel, d'évaluer les rapports d'autres étudiants, et de faire un bilan de votre propre apprentissage.]

1 La mise en train

Formez un groupe et faites un jeu d'association. Lisez le titre d'un de ces cours et puis demandez à vos partenaires: "À quoi est-ce que vous pensez quand je dis: [insérez le titre d'un des cours dans la liste ci-dessous]". Notez la réponse de chaque personne. C'est un jeu rapide; ne réfléchissez pas; réagissez vite!!!

Démarches environnementales	Calcul des structures
Français langue étrangère	Introduction à la méthode des éléments finis
Outils informatiques	Microbiologie et biocatalyse industrielle
Projet mécatronique	Transmission mécanique de puissance

La préparation académique   15

2 Atelier d'écriture

Mettez-vous avec un partenaire et échangez votre rapport contre le sien. Lisez son rapport et répondez ensuite à ces questions.

a   Dans la conclusion de son rapport, comment est-ce que votre partenaire a répondu à cette question: Devrait-on embaucher des jeunes ingénieurs français ou des jeunes de votre pays?
b   Est-ce que vous trouvez toutes ces parties dans le rapport de votre partenaire: une explication de la structure de la formation des ingénieurs en France; une discussion des tendances de la formation des ingénieurs en France; une présentation des compétences et capacités que la formation des ingénieurs en France développe; un résumé au passé de ses cours et des compétences et capacités qu'ils ont développées; la conclusion avec la réponse.
c   Pouvez-vous citer six mots ou expressions techniques de ce chapitre que votre partenaire a utilisés dans son rapport?
d   Pouvez-vous faire trois recommandations pour améliorer son rapport?
e   Pouvez-vous indiquer une chose que vous avez apprise au sujet de votre partenaire?

3 Faites le bilan du chapitre

Lisez les énoncés ci-dessous et indiquez dans quelle mesure vous êtes capable de les faire.

a   Je peux communiquer de l'information complexe sur mes cours.

C'est sûr   Oui, en général   Parfois   Pas vraiment

b   Je peux échanger de l'information détaillée sur mes préférences et appréciations académiques.

C'est sûr   Oui, en général   Parfois   Pas vraiment

c   Je peux soutenir un argument sur la politique de la réforme de l'éducation des ingénieurs.

C'est sûr   Oui, en général   Parfois   Pas vraiment

d   Je peux écrire un rapport qui soutient un point de vue sur la formation des ingénieurs.

C'est sûr   Oui, en général   Parfois   Pas vraiment

e   Je peux comprendre facilement des entretiens avec des étudiants au sujet de leur formation en tant qu'ingénieur.

C'est sûr   Oui, en général   Parfois   Pas vraiment

f   Je peux comprendre des rapports qui proposent des changements à la formation des ingénieurs en France.

C'est sûr   Oui, en général   Parfois   Pas vraiment

Notes

1   étude de l'APEC sur la situation professionnelle des cadres ingénieurs en 2012.
2   selon une étude de 2013 du M.E.S.R., seulement 27% de filles sont dans des écoles d'ingénieurs et le pourcentage de filles ne dépasse pas 30% dans les classes préparatoires scientifiques contre 73,2% dans les classes préparatoires littéraires.

2 Connaître des entreprises en France

ÉTAPE 1

[*A la fin de cette classe, vous serez capable d'identifier les secteurs de l'économie française et de nommer les plus grandes entreprises françaises et de décrire le secteur dans lequel elles travaillent.*]

1 La mise en train

Ci-dessous, vous avez un tableau dont une colonne contient les logos des entreprises françaises et une deuxième colonne qui contient l'image d'un produit ou service de cette entreprise. Quel est le logo qui va avec le produit?

Connaître des entreprises en France 17

5

6

7

Figure 2.1
Source: All logos courtesy of and rights reserved to the companies shown.

2 Les secteurs d'activité

Demandez à trois de vos camarades de classe quel est le secteur d'activité de chacune de ces entreprises. Notez chaque réponse dans la grille. Stratégie de communication: Pour préparer un interlocuteur à entendre votre réponse, précédez votre réponse avec un petit commentaire. Pour cette activité, précédez votre réponse en utilisant une ces expressions.

Hésitation: "Ben, voyons, peut-être que c'est ..." "Là, je dirais que c'est ..."
Certitude: "Ah oui, ça c'est clair. C'est ..." "Alors là, je le sais. C'est ..."

L'entreprise	*Étudiant 1*	*Étudiant 2*	*Étudiant 3*
Royal Dutch Shell			
Samsung			
Apple			
Google			
Nestlé			
Novartis			
Procter & Gamble			

18   *Connaître des entreprises en France*

3 Complétez ce tableau

Vous allez travailler avec un partenaire pour compléter le tableau ci-dessous. Chaque partenaire a un tableau partiellement complet. Posez des questions à votre partenaire afin de remplir les blancs dans votre tableau. C'est une activité orale et l'information doit venir en parlant; alors, gardez votre tableau secret et ne le montrez pas à votre partenaire. Attention, il y a quelques cases qui sont vides dans les deux tableaux!

Sanofi	Total	L'Oréal
Airbus	Engie	Schneider Electric
EDF	Air Liquide	Danone
Orange	Vinci	Vivendi
Safran	SEB	Legrand
Alstom	Essilor	Bouygues
Lafarge	Michelin	Véolia

4 Décrivez ce qu'elles font

Parfois, le secteur dans lequel une entreprise travaille n'est pas très descriptif. Alors, demandez à votre partenaire de vous donner une description d'une ou deux phrases de ce que l'entreprise fait. Demandez à votre partenaire: Qu'est-ce que cette entreprise fait? Et votre partenaire répond en utilisant les verbes *produire*, *fournir*, ou *fabriquer* et en précédant sa réponse avec une des expressions dans l'activité 2 pour ajouter de la fluidité à votre conversation. Échangez de rôles après chaque description. Suivez le modèle.

Modèle

Vous: Qu'est-ce que Sanofi fait?

Votre partenaire: Ah oui, ça c'est clair que Sanofi produit des pharmaceutiques et aussi, voyons, peut-être, des choses liées à la santé, comme des vaccins.

5 Les secteurs de votre préparation

En groupes de trois ou quatre, interviewez un partenaire en lui posant cette question: quels sont les secteurs pour lesquels vous vous préparez? Exigez que votre partenaire vous donne aussi sa spécialisation, des exemples des cours qu'il suit ou a suivis, et un exemple d'une entreprise française pour laquelle il pourrait travailler.

ÉTAPE 2

[À la fin de cette classe, vous serez capable de résumer des articles au sujet des meilleures entreprises pour lesquelles travailler; vous serez capable de décrire ce que vous valorisez chez un employeur.]

Connaître des entreprises en France 19

1 La mise en train

Trouvez quelqu'un dans la classe qui ...

* veut travailler dans le secteur des transports ferroviaires
* peut expliquer concrètement ce que "la mobilité internationale" veut dire
* a mangé le petit déjeuner ce matin
* préférerait travailler dans une petite entreprise plus qu'une grande
* a fait tous ses devoirs pour cette classe
* peut expliquer ce que l'entreprise Vinci fait.
* aime voyager
* peut vous donner une définition simple de ce que "la rémunération" veut dire
* aime boire du café
* connaît un synonyme bien français du mot "le management"
* peut expliquer ce que le mot "la formation" veut dire

2 Qu'est-ce qui attire votre partenaire?

a   Demandez à votre partenaire quelles sont les trois choses les plus importantes de cette liste et la chose la moins importante. Pour classer vos réponses, utilisez premièrement, deuxièmement, et troisièmement. Notez les réponses de votre partenaire pour les partager avec la classe.

la rémunération	la formation et le développement du personnel	la mobilité dans l'entreprise
la responsabilité que le management donne aux salariés	la qualité de la cafétéria de l'entreprise	l'honnêteté de la gestion et du management de l'entreprise
la volonté de la gestion de créer une entreprise qui est bonne pour la société	la qualité de vie de la région dans laquelle l'entreprise se situe	l'accessibilité du lieu de travail
un bon environnement de travail	la mobilité nationale et internationale	la mission de l'entreprise

b   Qu'est-ce que les valeurs de votre partenaire révèlent? En vous basant sur ses réponses, caractérisez la personnalité de votre partenaire avec un adjectif et une phrase qui explique ce qu'il aime faire ou ce qui lui est important. Par exemple, si votre partenaire répond: "Premièrement, la qualité du caféteria de l'entreprise est la chose la plus importante" vous pouvez dire: "Mon partenaire est gourmand et il aime manger."

3 Les jeunes Français, qu'est-ce qu'ils cherchent chez un employeur?

Dans cet article du *Harvard Business Review France*, on parle du recrutement des jeunes et de ce que les entreprises font et peuvent faire afin d'attirer de nouveaux jeunes salariés. Lisez cet article et ensuite répondez aux questions.

20 *Connaître des entreprises en France*

Avant de lire

- A votre avis, pour les personnes de votre âge, quels sont les trois critères les plus importants de la liste ci-dessus dans l'Activité 2?
- Pensez-vous que les critères soient différents pour les Français de votre âge? Expliquez.

En lisant

Lisez l'article et puis répondez aux questions qui le suivent.

Ce qui attire les jeunes diplômés, ce que recherchent les talents

Par **Isabelle Bastide**, le 11/03/2014, *Harvard Business Review France*, www.hbrfrance.fr/chroniques-experts/2014/03/1613-ce-qui-attire-les-jeunes-diplomes-ce-que-recherchent-les-talents/

On lit un peu partout cette formule toute faite: "attirer les talents". Toutes les entreprises ne peuvent pas se fournir exclusivement en "talents". D'ailleurs, qu'est-ce qu'un talent? Toute personne montrant un intérêt profond pour une marque, une mission, un projet, un esprit. Toute personne motivée, enthousiaste, avide de progresser, de se développer est un talent en soi. Aux entreprises ensuite, petites ou grandes, de mettre en place les plans d'actions qui leur permettront de toucher ces nouveaux collaborateurs potentiels.

On le constate chaque année à travers les résultats des **classements, tels celui d'Universum** regroupant les entreprises les plus attrayantes pour les jeunes diplômés d'école de commerce et d'ingénieurs: ce sont les grandes entreprises, innovantes malgré la crise, solides financièrement et qui offrent des perspectives de carrière intéressantes qui sont le plus plébiscitées. Evolution en interne, mobilité nationale et internationale, programmes de formation et développement personnel, salaires: l'offre est attrayante. Pourtant, les plus petites entreprises, les PME, moteur de l'emploi en France, ont des atouts non négligeables à mettre en avant: qualité et sens des missions, visualisation de l'impact du travail fourni sur les résultats, responsabilités, autonomie, structure souvent moins hiérarchisée ... A l'heure où les nouvelles générations recherchent un sens plus grand dans leur travail, de telles structures ont leur carte à jouer.

Il me semble important lorsque l'on vise les jeunes actifs de communiquer sur plusieurs éléments-clés:

- **Les résultats opérationnels de l'entreprise**: une entreprise rentable, qui fait des bénéfices depuis plusieurs années, qui se développe sur le marché local, national ou international et dont le développement est porté par des projets ambitieux sera attractive aux yeux de nouveaux collaborateurs.

- **Les perspectives d'évolution interne/Plans de carrière:** le développement professionnel et personnel sont deux points non négligeables à mettre en avant lorsque l'on souhaite recruter les meilleurs éléments. L'entreprise doit pouvoir proposer un plan de formation cohérent, répondant aux besoins de développement des collaborateurs. Dans quelle mesure les collaborateurs sont-ils responsabilisés? Jouissent-ils d'une autonomie suffisante? Peuvent-ils exprimer leur créativité dans votre entreprise? Les "talents" veulent des réponses claires à ces questions. Réponses qu'ils doivent retrouver dans l'offre proposée.
- **Les opportunités de mobilité internationale:** si de nombreux jeunes diplômés privilégient les grandes entreprises et les groupes, c'est en partie parce qu'ils voient plus loin. Une carrière à l'international en 2014, c'est un plus et presque même un must.
- **L'ambiance de travail, la reconnaissance:** c'est devenu l'un des critères prédominants dans le choix d'une entreprise. Les valeurs de l'entreprise ont une place de plus en plus importante. Les jeunes talents ont un besoin réel de stimulation intellectuelle et aspirent à rejoindre une équipe où règne une réelle **dynamique collective**. La finalité? Apprendre, grandir, progresser, mais aussi et surtout mettre ses compétences au service d'une équipe et d'une entreprise. Le besoin de reconnaissance est fort, et c'est un levier de motivation important, qui conditionne la force de l'investissement des collaborateurs. La recherche de sens et de plaisir au travail est aujourd'hui plus forte que jamais et est l'une de clés de l'épanouissement personnel. L'entreprise doit par conséquent également pouvoir proposer des distractions, des moments de convivialité (incentives, repas d'équipes, soirées, événements sportifs fédérateurs, etc.) permettant aux collaborateurs de se retrouver, de partager autre chose.

  Il est par ailleurs essentiel de ne pas se montrer naïf: la **rémunération** et les avantages annexes (13ème mois, primes, intéressement, actionnariat, plan d'épargne,... .) sont également des leviers essentiels d'acquisition et de fidélisation.
- **L'équilibre vie privée – vie professionnelle:** là aussi, chacun souhaite aujourd'hui se recentrer sur l'essentiel: une vie équilibrée où le travail est une composante certes essentielle mais qui ne l'emporte plus sur le bien-être et l'épanouissement personnels. En ce sens, l'entreprise qui cherche à attirer les meilleurs éléments doit proposer divers types d'accompagnements: engagements maternité, télétravail, flexibilité des horaires, etc.
- **Les réalisations et engagements citoyens/sociaux de l'entreprise:** L'entreprise soutient-elle des causes "nobles"? Existe-t-il en interne des initiatives allant dans le sens du mieux-être pour tous, du développement durable? Des mesures de non-discrimination, d'égalité? Ces concepts sont chers aux nouvelles générations et on le comprend amplement.

22 *Connaître des entreprises en France*

Questions

1 Selon l'article, qu'est-ce que les petites entreprises peuvent offrir plus facilement que les grandes?
2 Expliquez ce que "les perspectives de l'évolution interne" veut dire.
3 Selon l'article, pourquoi "l'ambiance de travail, la reconnaissance" sont-elles importantes pour les jeunes diplômés?
4 Quelle différence y-a-t-il entre d'une part "ambiance de travail et reconnaissance» et d'autre part "réalisations et engagements citoyens/sociaux de l'entreprise"?
5 De tous les attributs en caractères gras, quels sont les trois les plus importants pour vous? Pourquoi?

Après l'avoir lu

Pensez à l'entreprise Total. Pour quels critères est-ce qu'elle a des avantages en comparaison avec d'autres entreprises? Pour lesquels est-ce qu'elle a des désavantages? Expliquez pourquoi vous aimeriez travailler pour l'entreprise Total.

ÉTAPE 3

[*À la fin de cette classe, vous serez capable de décrire des critères pour classer des entreprises; de discuter les aspects des entreprises françaises qui vous attirent; de mettre en application des techniques de l'écoute active.*]

1 La mise en train

Trouvez quelqu'un dans la classe qui ...

- peut nommer deux banques françaises
- a déjà visité la France
- est allé à la bibliothèque hier
- ne connaît pas la marque de son ordinateur
- fait toujours ses devoirs pour cette classe
- peut nommer une entreprise française qui crée des logiciels
- a bu du café aujourd'hui.

2 Quelles entreprises?

Il y a plusieurs critères qu'on utilise pour classer et comparer les entreprises. On peut parler du secteur de l'activité, de la taille, du statut juridique, et de l'origine des capitaux. Le secteur d'activité a été abordé dans l'étape précédente. **La taille** de l'entreprise est une mesure qui peut être objective. Par exemple, ce paragraphe écrit par le Centre de Documentation Economie-Finances du gouvernement français et affiché sur leur site internet le 15 novembre 2016, explique la distinction officielle et légale de la taille d'une entreprise. Voilà le lien de l'article: www.economie.gouv.fr/cedef/definition-petites-et-moyennes-entreprises

Comment définit-on les petites et moyennes entreprises ?

En France, l'article 51 de la loi n°2008–776 du 4 août 2008 de modernisation de l'économie (LME) introduit un classement des entreprises en quatre catégories pour les besoins de l'analyse statistique et économique du tissu productif: les microentreprises, les petites et moyennes entreprises (PME), les entreprises de taille intermédiaire (ETI) et les grandes entreprises.

Le décret 2008–1354 du 18 décembre 2008 précise les critères permettant de déterminer l'appartenance à une catégorie d'entreprises:

- une **microentreprise** est une entreprise dont l'effectif est inférieur à 10 personnes et dont le chiffre d'affaires ou le total du bilan annuel n'excède pas 2 millions d'euros;
- une **PME** est une entreprise dont l'effectif est inférieur à 250 personnes et dont le chiffre d'affaires annuel n'excède pas 50 millions d'euros ou dont le total de bilan n'excède pas 43 millions d'euros;
- une **ETI**, entreprise de taille intermédiaire, est une entreprise qui n'appartient pas à la catégorie des PME, dont l'effectif est inférieur à 5000 personnes et dont le chiffre d'affaires annuel n'excède pas 1 500 millions d'euros ou dont le total de bilan n'excède pas 2 000 millions d'euros;
- une **grande entreprise** est une entreprise qui ne peut pas être classée dans les catégories précédentes.

Source: http://www.economie.gouv.fr/cedef/definition-petites-et-moyennes-entreprises

a   Écrivez un tableau des différences entre ces quatre tailles en le basant uniquement sur le nombre de salariés.
b   Quelles seraient des raisons pour lesquelles la loi française inclut aussi des mesures financières (le chiffre d'affaire ou le bilan) dans la taille de l'entreprise? Notez que le chiffre d'affaires veut dire la totalité des ventes et que le bilan est un document qui indique les sources et les utilisations du capital des entreprises à un moment spécifique de l'année; d'une manière plus simple on peut dire que le bilan indique la valeur de tout ce que l'entreprise possède (machines, terrains, usines, etc).

3   Faites des recherches

Cherchez sur internet trois entreprises françaises qui travaillent dans le secteur qui vous intéresse le plus. Ensuite, indiquez quels aspects de l'entreprise vous intéressent le plus. Essayez de déterminer si c'est une microentreprise, une PME, une ETI, ou une grande entreprise.

4   Une conversation active

Vous allez partager les résultats de vos recherches avec votre partenaire. Quand vous écoutez votre partenaire, vous devez noter le nom des trois entreprises et aussi un des aspects de

24 *Connaître des entreprises en France*

l'entreprise qui intéressent votre partenaire. Interrompez votre partenaire deux fois en utilisant les expressions suivantes:

- Attends! Tu veux dire que tu ... [et vous dites la chose que vous voulez que votre partenaire confirme]
- Je m'excuse, mais est-ce que tu as dit que ... [et vous répétez ce que vous croyez avoir entendu]
- Est-ce que c'est vrai? Tu aimes ... [et une chose que votre partenaire a dit qui vous étonne]
- Quelle coïncidence! Moi aussi, je [et vous dites la chose que vous avez en commun]

ÉTAPE 4

[*À la fin de cette classe, vous serez capable d'analyser une liste pour déterminer des tendances, décrire des techniques pour animer une liste, et de rendre une liste intéressante dans une présentation orale.*]

1 La mise en train

Ci-dessous, vous verrez une liste des attributs que les jeunes diplômés cherchent dans une entreprise. Demandez à vos camarades de classe ce que ces attributs veulent dire. Écrivez le prénom de la personne qui vous donne une bonne définition. Demandez un maximum de deux définitions à une seule personne.

Les résultats opérationnels de l'entreprise	Les perspectives d'évolution interne
Les opportunités de mobilité internationale	L'ambiance de travail
La reconnaissance	La dynamique collective
La rémunération	L'équilibre vie privée – vie professionnelle
Les réalisations et engagements citoyens/ sociaux de l'entreprise	Les missions intéressantes
	L'éthique et l'image de l'entreprise

2 Qu'est-ce que vous recherchez dans une entreprise?

Classez les expressions dans le tableau ci-dessus de 1 à 11 selon leur importance pour vous.

3 Partagez votre liste avec un partenaire

Mettez-vous avec une autre personne et dites-lui votre classement. Notez les réponses de votre partenaire pour les partager avec la classe.

4 Écrivez une histoire pour animer la liste de votre partenaire

Rappelez-vous la technique que vous avez apprise dans les devoirs. Analysez les choix de votre partenaire pour déterminer comment ses choix peuvent raconter une histoire à son sujet. Écrivez entre 4 et 6 phrases qui tiennent en compte tous ses choix.

5 Partagez votre histoire avec votre partenaire

Lisez votre histoire à votre partenaire. Quelles sont ses réactions?

6 Animez cette liste

Voilà les 21 plus grandes entreprises françaises selon la capitalisation boursière (la valeur des actions selon la bourse) d'après le *Financial Times*.

a   Analysez la liste pour trouver des tendances.

1   Sanofi
2   Total
3   L'Oréal
4   LVMH
5   BNP Paribas
6   AXA
7   Airbus
8   GDF Suez
9   Schneider Electric
10   Electricité de France (EDF)
11   Air Liquide
12   Danone
13   Orange
14   Société Générale
15   Crédit Agricole
16   Hermès International
17   Christian Dior
18   Vinci
19   Vivendi
20   Pernod-Ricard
21   Safran

b   Dites à un partenaire les tendances que vous avez trouvées.

7 Est-ce que vous vous intéressez à cette entreprise?

Faites des recherches sur ces six entreprises afin de déterminer comment elles répondent aux trois attributs les plus importants que vous avez sélectionnés de la liste ci-dessus de l'activité de la mise en train.

- Essilor
- Michelin

26 *Connaître des entreprises en France*

- Lafarge
- Bouygues
- Alstom
- Sanofi

ÉTAPE 5

[*À la fin de cette classe, vous serez capable de présenter à l'oral une entreprise pour laquelle vous voudriez travailler, de mettre en application des stratégies de communication, de renforcer des techniques de l'écoute active, et de faire un bilan de vos compétences.*]

1 La mise en train

- Quelles sont trois choses qui vous font peur?
- Est-ce que les présentations orales sont une de ces choses?

2 La formation des groupes

- Les présentations se font dans de petits groupes de trois ou quatre.
- Formez vos groupes et mettez-vous ensemble.

3 Les présentations

Pour les présentateurs: Faites une présentation orale de 10 minutes sur l'entreprise française qui serait votre premier choix en tant qu'employeur. Présentez le secteur de l'entreprise et ses réalisations principales. Décrivez des aspects de la taille de l'entreprise. Indiquez comment l'entreprise répond à vos valeurs.

Pour le public qui écoute, faites les trois tâches suivantes:

a   En écoutant, prenez des notes.
b   Chaque personne doit interrompre une fois. Utilisez ces expressions pour vos interruptions.

- Attends! Tu veux dire que tu ... [et vous dites la chose que vous voulez que votre partenaire confirme]
- Je m'excuse, mais est-ce que tu as dit que ... [et vous répétez ce que vous croyez avoir entendu]
- Est-ce que c'est vrai? Tu aimes ... [et une chose que votre partenaire a dit qui vous étonne]
- Quelle coïncidence! Moi aussi, je [et vous dites la chose que vous avez en commun]

c   Posez deux questions à la fin.

4 L'autoévaluation

- Qu'est-ce que vous avez changé entre la version que vous avez enregistrée pour les devoirs et celle que vous avez présentée pour la classe?
- Qu'est-ce que vous avez bien fait?
- Quelles sont les techniques de présentation que vous avez utilisées?

3   À la recherche d'un stage

ÉTAPE 1

[*À la fin de cette classe, vous serez capable de comprendre les titres des offres de stage, d'identifier les parties typiques d'une offre de stage, et de résumer des offres de stages.*]

1 La mise en train

Trouvez quelqu'un dans la classe qui ...

- connaît les deux utilisations du mot "un stage"
- a déjà fait un stage dans une entreprise
- peut nommer une entreprise française dans le domaine des télécommunications
- n'a pas fait les devoirs
- voudrait travailler dans le secteur primaire
- connaît le titre d'un cours dont un objectif est d'appréhender le modèle du gaz parfait et ses équations d'état
- voudrait faire un stage avec une entreprise de construction
- peut nommer un cours dans lequel on doit calculer les efforts appliqués sur des systèmes mécaniques isostatiques plans et spatiaux simples
- a mangé un bon petit déjeuner ce matin.

2 Et vos camarades de classe?

Formez un groupe de trois ou quatre. Demandez aux étudiants de votre groupe d'indiquer, de la liste des titres de stage ci-dessous, leur premier choix, leur deuxième choix, et leur dernier choix. Notez les réponses, parce qu'à la fin vous devrez résumer à la classe les similarités et les différences de vos réponses. Vous devrez répondre avec deux phrases et utiliser des expressions de fluidité en liaison avec chacun de ces choix. Suivez le modèle.

Expressions de fluidite	
C'est sûr que	Je ne sais pas, moi
Voyons	Sans aucune hésitation, c'est
Ben, le choix n'est pas évident	Je dirais peut-être que

28   *À la recherche d'un stage*

Modèle

Etudiant A: De cette liste, quel est ton premier choix?
Etudiant B: Voyons, mon premier choix est "Opportunités de développement de champs de gaz acide au travers de procédés de gaz de synthèse." Je suis étudiant de génie chimique et ça me semble complexe et important.

Stage-Mesure de la stabilité à l'oxydation des gazoles

Stage Robotisation Des Machines Amphibies H/F

  Stage 3A - Opportunités de développement de champs de gaz acide au travers de procédés de gaz de synthèse (H/F)

Découverte et développement des installations électrotechniques secteur éducation et industrie H/F

  Stage 3A - Etude et optimisation de structures offshore sous sollicitations thermiques

516826 – Stagiaire acoustique (H/F)

  PFE 2015 – Stage ou projet de fin d'études en travaux publics H/F

Développeur Java H/F

513818 – STAGE: Ingénieur mesures et simulations numériques de l'affaiblissement acoustique de paroi

516778 – STAGE: Assistant ingénieur génie informatique – CRDC (H/F)

---

3   Comment est ce stage?

Prenez connaissance de cette offre de stage. Ensuite, répondez aux questions en bas de l'offre.

Stage 2A ingénieur – assistant conducteur de travaux H/F

Entité de rattachement

Eurovia (VINCI) est l'un des principaux acteurs mondiaux de la construction, de l'entretien et de la maintenance des infrastructures de transport routier et ferroviaire. Eurovia propose un ensemble intégré d'expertises et de savoir-faire à travers quatre métiers: les travaux d'infrastructures de transport et d'aménagement urbain, l'exploitation de carrières, la production industrielle, la maintenance et les services.

Description du poste

Métier

TRAVAUX – Assistant conducteur de travaux H/F

Intitulé du poste

Stage 2A Ingénieur – Assistant Conducteur de Travaux H/F

Type de contrat

Stage

Temps de travail

Temps complet

Description de la mission

Au sein de notre agence de Nantes, vous découvrez le métier de conducteur de travaux. Sous la conduite d'un conducteur de travaux confirmé, vous serez responsable de plusieurs chantiers, définirez le calendrier d'exécution des travaux, et suivrez l'avancement tant sur le plan technique que budgétaire. Vous découvrirez également les aspects commerciaux, juridiques et humains du métier d'ingénieur travaux. Vous pourrez également être amené(e) au cours de vos missions à encadrer des chantiers, coordonner les moyens (matériel et approvisionnement) et animer les équipes.

Profil

Vous êtes élève en 2ème année d'école d'ingénieur en Génie Civil/Travaux Publics et souhaitez découvrier le secteur des travaux publics via votre stage assistant ingénieur.

Localisation du poste

Europe, France, Pays de Loire, LOIRE ATLANTIQUE (44)

30   *À la recherche d'un stage*

Critères candidat

Niveau d'études min. requis

Bac+4

Niveau d'expérience min. requis

Etudes en cours

a   Quel est le secteur principal dans lequel cette entreprise travaille?
b   Regardez la rubrique "Profil" et la rubrique "Critères candidat". Combien d'années d'études devrait-on avoir pour ce stage? Pourquoi la différence dans les deux rubriques?
c   Quelle sorte d'étudiant est-ce qu'on cherche?
d   En vous basant sur la description, qu'est-ce qu'un "conducteur de travaux"?

4 Est-ce une bonne offre pour vous?

Mettez-vous avec un partenaire et posez-lui les questions ci-dessous au sujet de l'offre de stage dans l'activité précédente.

a   Est-ce que tu as le niveau de formation demandé?
b   Quelle est la formation que ce stage vise?
c   Quel est un l' aspect de ce stage qui t'intéresse?
d   Y-a-t-il une compétence utile que tu pourrais acquérir avec ce stage?

ÉTAPE 2

[*À la fin de cette classe, vous serez capable d'identifier les ingénieurs visés par des offres de stage, d'expliquer les compétences et les qualifications recherchées dans des offres, et d'évaluer vos propres qualifications pour des stages spécifiques.*]

1 La mise en train

Regardez ces images in Figure 3.1a–c. Qu'est-ce que vous voyez? Quelle est la formation nécessaire pour le faire? Quel est le secteur représenté?

2 Quels sont vos points forts et vos points faibles?

Interviewez un partenaire au sujet de ses qualités. Utilisez la liste en bas. Quand vous répondez, commencez avec une hésitation et ensuite utilisez un des adverbes de fréquence dans votre réponse. Suivez le modèle.

Modèle

Q: Est-ce que tu as une ouverture d'esprit?
R: Eh bien, oui, j'ai souvent une ouverture d'esprit.

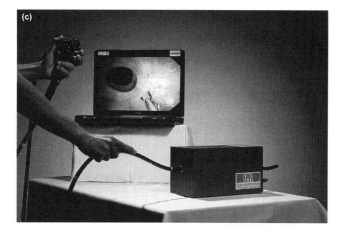

Figure 3.1a–c

Sources: NASA/George Shelton [Public domain], via Wikimedia Commons, https://commons.wikimedia.org/wiki/File%3ASTS-122_Atlantis_in_Orbiter_Processing_Facility.jpg; CSIRO [CC BY 3.0 (http://creativecommons.org/licenses/by/3.0)], via Wikimedia Commons, https://commons.wikimedia.org/wiki/File%3ACSIRO_ScienceImage_11130_CSIROs_colonoscopy_simulator_developed_using_the_latest_computer_gaming_technology.jpg

32 *À la recherche d'un stage*

Liste des qualités

rigoureux	avoir un bon esprit d'équipe	avoir un bon relationnel
méthodique	avoir le goût du terrain	avoir un excellent sens de la planification
autonome	avoir une ouverture d'esprit	maîtriser des outils bureautiques
organisé	avoir une bonne capacité d'adaptation	avoir un esprit de synthèse

Hésitations

euh ...   voyons ...   bien ...   bon ...   eh bien ...

Adverbes de fréquence

toujours   souvent   parfois   assez souvent   rarement   ne. . jamais

3 Quelles expériences vous donnent vos qualités?

Quand vous passez un entretien, il est mieux de montrer avec des exemples spécifiques que de dire avec des paroles générales. N'importe qui peut dire: "Je suis organisé", mais c'est plus puissant de le montrer en fournissant un exemple.

Avec un partenaire, demandez-lui s'il a les qualités dans le tableau de l'activité 2 ci-dessus. Répondez chaque fois en utilisant un adverbe de degré et puis en donnant un exemple spécifique pour le montrer. Utilisez des hésitations si vous voulez pour vous donner plus de temps à réfléchir. Suivez le modèle.

Modèle

Q: Est-ce que vous êtes organisé?
R: Oui, je suis assez organisé. Dans un cours de biologie, j'ai dû déterminer l'effet du soleil sur les plantes. J'ai semé les graines dans des pots, j'ai mis les pots dans trois lieux avec une quantité de soleil différent, et puis j'ai noté tous les deux jours les progrès des plantes. J'ai pris aussi des photos, mais les photos n'indiquaient pas clairement le numéro du pot. Alors, j'ai toujours du progrès à faire dans l'organisation.

4 Trouvez quelqu'un dans la classe avec les mêmes qualités que vous

De la liste des qualités dans l'activité 2, quelles sont les trois où vous êtes le plus fort? Cherchez dans la classe les personnes qui ont choisi une des mêmes qualités que vous. Partagez brièvement vos exemples spécifiques pour montrer que vous avez cette qualité. Est-ce que vos exemples sont similaires?

ÉTAPE 3

[*À la fin de cette classe, vous serez capable d'expliquer si vous êtes qualifié pour un stage et de poser des questions pour déterminer si une personne est qualifiée pour un stage.*]

À la recherche d'un stage   33

1 La mise en train

Avec un partenaire, déterminez quelle personne est la mieux qualifiée pour quel poste.

La personne	Le stage
Omar, étudiant de génie civil	STAGE INGÉNIEUR TRAVAUX
Lucie, étudiante en génie industriel avec une spécialisation dans les modélisations numériques	Analyste Programmeur Systèmes d'Information Télécom
Manuel, étudiant en génie informatique	Conception Systèmes Automatisés
Benoit, étudiant en systèmes mécaniques	CONCEPTION PAR ORDINATEUR BIOMOLECULES ET VOIES DE SYNTHESES
Nona, étudiante en génie biologique	
	Ingénieur Supply Chain: Mise en place outil de simulation flux logistiques

2 Quelles sont les différences?

Des cinq offres de stage que vous avez imprimées pour les devoirs, choisissez-en une qui est votre préférée. Ensuite, mettez-vous avec un partenaire et comparez l'offre de stage que vous avez choisie à celle de votre partenaire. Pensez à deux similarités et deux différences principales.

3 Posez des questions à un partenaire

Changez de partenaire. Prenez l'offre de stage préférée de votre partenaire. Vous voulez déterminer si l'offre lui convient bien. Posez-lui ces questions. Ensuite, écrivez un paragraphe de 3 à 5 phrases pour expliquer dans quelle mesure votre partenaire est qualifié.

a   Quelle est ta formation?
b   Quels sont les cours que tu as suivis qui t'aideront dans ce stage?
c   Quelles sont tes qualités personnelles qui seront importantes pour ce stage?

4 Interviewez à grande vitesse

Vous allez faire des interviews rapides. La moitié de la classe va jouer le rôle des recruteurs des ressources humaines (RH). L'autre moitié va jouer le rôle des candidats pour des stages. Chaque recruteur utilisera son offre de stage préférée des activités précédentes. Pendant quatre minutes, le recruteur va poser des questions pour déterminer si vous êtes très qualifié, assez qualifié, ou pas qualifié pour le stage. Toutes les quatre minutes les candidats changent jusqu'à ce que chaque étudiant ait parlé avec chaque recruteur. Ensuite, on change de rôle pour refaire l'activité.

5 Faisons le bilan

Quelles questions sont utiles à poser à un candidat? Quelles sont les questions auxquelles il est difficile de répondre?

34 *À la recherche d'un stage*

ÉTAPE 4

[*À la fin de cette classe, vous serez capable de résumer des vidéos au sujet des bonnes techniques d'entretien, d'utiliser ces techniques, et de poser des questions qui sollicitent de longues réponses et des réponses avec des exemples.*]

1 Comment est l'entretien d'embauche traditionnel?

Expliquez comment un entretien se passe typiquement avec un recruteur. Où est-ce que ça se passe? Avec qui? Combien de temps est-ce que ça dure?

2 Et vos conseils?

Quels sont les conseils pour réussir un entretien d'embauche traditionnel?

3 Des conseils français pour un bon entretien d'embauche

Vous allez regarder une vidéo educative. L'objectif de la vidéo, c'est d'enseigner les bons comportements pendant un entretien d'embauche. Regardez la vidéo et répondez aux questions ci-dessous. Voilà le lien pour la vidéo: www.youtube.com/watch?v=gBZ3yx6LjEo

a   Quelle est la première critique du chef d'entreprise?
b   Pourquoi le premier candidat a-t-il arrêté son travail précédent?
c   Qu'est-ce que le chef d'entreprise n'aime pas dans la manière dont le candidat parle de cette expérience?
d   Quelle est la condition que le candidat a posée à son employeur? Comment le chef d'entreprise réagit-il à cette remarque?
e   Qu'est-ce que le candidat a dit au sujet de son intérêt dans pour le poste? Mentionnez deux choses.
f   Comment est-ce que le deuxième candidat valorise bien son expérience précédente?
g   Qu'est-ce que le deuxième candidat dit qui suggère qu'il s'intéresse à cette entreprise en particulier?
h   Quelles sont les deux choses que le deuxième candidat cherche à savoir en sélectionnant un emploi?

4 Quelles sont les questions importantes pour un recruteur?

Travaillons ensemble pour mettre au tableau quelques questions typiques des recruteurs.

5 Un candidat difficile

Jouez un petit dialogue avec un partenaire. Posez une des questions de l'activité précédante à votre partenaire. Il vous donne une réponse incomplète ou autrement insuffisante. Vous devez lui poser une question de suivi pour essayer d'avoir une réponse plus satisfaisante. Votre partenaire répond à la deuxième question avec une réponse plus complète. Suivez le modèle.

À la recherche d'un stage   35

Modèle:

Recruteur: Quelle est votre définition d'un bon patron?
Candidat: Je pense qu'il y a plusieurs choses qui définissent un bon patron.

Recruteur: Certes, mais je vous demande de spécifier.
Candidat: Ah oui, je vois. Un bon patron, c'est surtout quelqu'un qui guide avec sa vision et qui sait motiver ses salariés.

A vous!

ÉTAPE 5

[*À la fin de cette classe, vous serez capable de bien passer un entretien d'embauche, de faire une auto-critique de votre entretien d'embauche, de faire un bilan de ce que vous avez appris dans ces trois premiers chapitres, et de parler de votre projet pour des apprentissages dans le futur.*]

1 Passez un entretien de recrutement

Avec un camarade de classe, vous allez effectuer deux entretiens en jouant des rôles différents pour chaque entretien. Une fois vous jouez le rôle de candidat et la prochaine fois vous jouez le rôle de recruteur. Pour le recruteur vous devez poser des questions qui exigent une anecdote d'une expérience dans le passé, vous devez poser au moins une question de suivi, et vous devez interrompre votre partenaire au moins une fois.

2 Faites le bilan de vos compétences

Evaluez ce que vous avez appris pendant ces trois premiers chapitres.

a   Je peux échanger de l'information détaillée sur mes qualifications pour un poste.

   C'est sûr   Oui, en général   Parfois   Pas vraiment

b   Je peux narrer au passé des exemples spécifiques qui m'ont aidé à développer mes qualités.

   C'est sûr   Oui, en général   Parfois   Pas vraiment

c   Je peux participer à un entretien d'embauche complexe

   C'est sûr   Oui, en général   Parfois   Pas vraiment

d   Je peux donner des présentations courtes qui résument des offres de stage ou d'emploi.

   C'est sûr   Oui, en général   Parfois   Pas vraiment

e   Je peux donner des présentations courtes qui décrivent dans quelle mesure on est qualifié pour un poste.

   C'est sûr   Oui, en général   Parfois   Pas vraiment

36 *À la recherche d'un stage*

f Je peux écrire avec le langage professionnel approprié des offres de stage dans un format français.

C'est sûr   Oui, en général   Parfois   Pas vraiment

g Je peux écrire des résumés brefs des qualifications des personnes pour des postes.

C'est sûr   Oui, en général   Parfois   Pas vraiment

h Je peux comprendre des vidéos des professionnels sur les pratiques de recrutement.

C'est sûr   Oui, en général   Parfois   Pas vraiment

j Je peux comprendre des offres d'emploi complexes qui décrivent le profil du candidat recherché.

C'est sûr   Oui, en général   Parfois   Pas vraiment

3 Plan d'apprentissage indépendent

Pour renforcer vos compétences, qu'est-ce que vous pouvez faire? Choisissez quatre énoncés dans l'Activité 2 ci-dessus où vous voulez améliorer vos compétences avant la fin de cette classe. Écrivez un plan d'une page pour l'amélioration de ces compétences. Pensez à deux choses que vous pouvez faire pour améliorer chaque compétence. Indiquez aussi la fréquence, c'est à dire une fois par jour, trois fois par semaine, ou deux fois par mois.

4 Communiquer des données chiffrées, des équations, et des graphes

ÉTAPE 1

[*À la fin de cette classe, vous serez capable d'utiliser et de partager de l'information contenant des unités de mesure et des chiffres et d'utiliser cette information pour décrire des objets.*]

1 La mise en train

Trouvez quelqu'un dans la classe qui ...

- a le même âge que vous
- étudie pendant le weekend plus que vous
- boit du café chaque jour
- connaît la population de la France au million près
- a plus qu'un ordinateur
- envoie en moyenne plus de textos que vous par jour
- a moins de cours que vous.

2 Comparez ces deux ordinateurs

Répondez aux questions en bas (about Figures 4.1 and 4.2 à la page suivante) en utilisant un chiffre et une unité de mesure.

Modèle:

Qu'est-ce qu'on peut dire du prix? La professionel et gamer coûte 920 dollars canadiens plus que le petit budget.

a   Qu'est-ce qu'on peut dire du processeur?
b   Qu'est-ce qu'on peut dire du stockage?
c   Qu'est-ce qu'on peut dire de la RAM?
d   A votre avis, lequel offre le meilleur rapport qualité-prix?

Parfait pour remplacer un ordinateur existant et vieillissant. Convient pour ceux nécessitant d'opérer en Windows. Carte réseau gigabit 10/100/1000.

10 ports USB disponible pour une bonne connectivité. Sortie VGA et Digital pour brancher au moniteur de votre choix.

- Carte maîtresse Asus H81M-E
- Intel Double Coeur
- 4GB DDR3-1600Mhz
- Intel HD dernière génération
- Disque dur SSD 120GB ou (WD 1TB)
- Bloc d'alimentation 420W
- *Sans système d'exploitation

Figure 4.1

Source: www.infomontreal.ca/produits-vedette/

Processeur Intel i5 à quatre coeurs de la dernière génération. Mémoire vive cadensé à 2133mhz. Carte graphique HD 530 d'intel

2 Ports USB 3.1, 6 Ports USB 3.0/2.0 et 6 ports USB 2.0. Sortie VGA, DVI, HDMI et DP pour tout type d'écrans. 7 fentes d'extension pour encore plus de possibilités.

- Carte maîtresse Asus Z170A
- Intel core i5 LGA1151
- 16GB DDR4-2133Mhz
- Intel HD 530
- Disque dur SSD 120GB + WD 2TB
- Bloc d'alimentation 650w
- *Sans système d'exploitation

Figure 4.2

Source: www.infomontreal.ca/produits-vedette/

Communiquer des données chiffrées, des équations, et des graphes   39

3 Écoutez les équations

Le professeur vous lira des phrases avec des quantités. Remplissez les blancs avec les chiffres et les unités que vous entendez et puis répondez à la question.

a   Un bassin a une longueur de _____ mètres, une profondeur de _____ mètres, et une largeur de _____ mètres. Donc, il a un volume de combien de mètres cubes?

b   L'accélération gravitationnelle est égale à _____ m · s^{-2} et vous avez une poutre avec une masse de _____ kg. La poutre exercera sur la terre une force de combien de Newtons?

c   Une grue a soulevé un cube de _____ kg une distance de _____ mètres avec une accélération de _____ m/s^2. Alors la grue a fait du travail équivalent à combien de Joules?

d   La tension de l'électricité en France est _____ volts et vous avez un appareil avec une intensité de _____ ampères. La puissance est donc combien de watts?

e   Vous avez un cube en polypropylène avec une masse de _____ kg. Le cube a un volume de _____ m^3. Quelle est la masse volumique du cube en kilogrammes par mètre cube?

4 Écoutez votre partenaire pour remplir cette fiche technique

Vous et votre partenaire ont la même fiche technique mais avec une différence importante. Une des fiches est incomplète. Mettez-vous dos à dos avec votre partenaire. Si vous avez la fiche incomplète, vous devez poser des questions à votre partenaire afin de la remplir. Après l'avoir faite, changez de rôle et faites la même chose avec la deuxième fiche technique.

5 Décrivez les utilisations de ces deux micro-fibres synthétiques

Lisez le descriptif de chaque fiche. Avec votre partenaire, déterminez dans quel autre produit on utilise ces fibres et quels sont les avantages (deux ou trois) que ces fibres donnent à ce produit.

ÉTAPE 2

[*À la fin de cette classe, vous serez capable de comprendre des conversations avec des équations, de communiquer à haute voix des équations, et de parler des équations et des opérations mathématiques complexes.*]

1 La mise en train

Regardez ces images en Figure 4.3a–c aux pages suivantes. Dans quelle sorte de classe est-ce qu'on les verrait?

2 Quels symboles pour quelles équations?

Associez les symboles de l'équation dans la colonne A avec les paroles de l'équation dans la colonne B.

Colonne A	Colonne B
1 $F = ma$	a L'énergie cinétique est égale à la masse divisée par deux multipliée par la vitesse au carré.
2 $R_f = \dfrac{1,5 \times F_f \times l}{b^3}$	b La résistance à la compression est égale à la charge maximale provoquant la rupture divisé par l'aire de la section de l'éprouvette sur laquelle la force de compression est exercée.
3 $R_c = \dfrac{F}{A_c}$	c La force est égale à la masse multiplié par l'accélération.
4 $E_c = \dfrac{1}{2} m \times v^2$	d Un solide soumis à trois forces extérieures est en équilibre et donc a un vecteur nul.
5 $\vec{F_{10}} + \vec{F_{10}} + \vec{F_{10}} = 0$	e Le rayon de giration est égal à la racine carrée du rapport du moment d'inertie par l'aire de la section.
6 $\vec{M}_{\vec{F}_1}(O) + \vec{M}_{\vec{F}_2}(O) + \vec{M}_{\vec{F}_3}(O) = \vec{0}$	f La charge linéique est une force qui est égale à la force répartie le long d'une ligne multipliée par la longueur de la ligne.
7 $\vec{F_{01}} = \vec{f} \times L$	g La résistance à la flexion est égale à un et demi multiplié par la charge appliquée au milieu d'une poutre à la rupture multiplié par la distance entre les appuis, le tout divisé par la longueur du côté de la section carré de la poutre au cube.
8 $S.\vec{OG} = \iint_s \vec{OP}.ds$ où $\iint_s \vec{GP}.ds = 0$	h Quand trois moments vectoriels sont égaux à zéro, ça veut dire que le solide est en équilibre.
9 $i = \sqrt{\dfrac{I}{A}}$	i On fait l'intégrale sur toute la surface des vecteurs de G à un point de la surface, si G est le centre de gravité le résultat est nul.

Figure 4.3a–c

Sources: Collections École Polytechnique/Jérémy Barande [CC BY-SA 3.0]; https://commons.wikimedia.org/wiki/File%3A069-amphi-2010_preview_ecran.jpg (http://creativecommons.org/licenses/by-sa/3.0)], via Wikimedia Commons; https://commons.wikimedia.org/wiki/File:StFX_Physical_Sciences_Lab.jpg by StFX; https://commons.wikimedia.org/wiki/File%3ACMAP_-_Centre_de_Math%C3%A9matiques_Appliqu%C3%A9es_de_l'Ecole_polytechnique.jpgJérémy Barande [CC BY-SA 3.0 (http://creativecommons.org/licenses/by-sa/3.0)], via Wikimedia Commons

Communiquer des données chiffrées, des équations, et des graphes 41

Figure 4.3a–c (Continued)

3 Quelle est l'équation pour cette tâche?

Travaillez avec un partenaire pour fournir l'équation pour calculer la tâche dans la description.

a   Vous voulez déterminer le volume d'un cylindre. Vous savez qu'il a un diamètre de 2 cm et une longueur de 10 cm. Quelle est l'équation pour le faire?

b   Vous voulez déterminer la puissance en Watts d'une lampe électrique. Vous savez que la tension est 12 volts et que l'intensité est 1,75 ampères. Quelle est l'équation pour le faire?

42   *Communiquer des données chiffrées, des équations, et des graphes*

c   Vous voulez déterminer le poids d'un robot sur la lune. Vous savez que la masse du robot est 100 kg. Vous savez que la constante gravitationnelle est 1,6 m/s^2 sur la lune. Quelle est l'équation pour le faire?

d   Vous voulez calculer la distance nécessaire pour arrêter un tram. Vous savez que le tram roule à 30 km par heure. Vous savez que ses freins effectuent une décélération de 0,03 m/s^2 (ou bien une accélération de -0,03m.s^{-2}). Quelle est l'équation pour le faire?

e   Maintenant, c'est à vous d'imaginer une situation – en fait, deux situations. Écrivez la description de deux tâches pour lesquelles il faudra une équation.

4 Lisez les paroles des équations et écrivez l'équation

Transformez les phrases de mots en équations de symboles. Écrivez en symboles mathématiques les équations ci-dessous.

a Le diamètre d'un cercle est égal à sa circumférence divisée par pi.	a
b La vitesse est égale à la distance divisée par le temps.	b
c La résistance à la compression, Rf, est égale à la charge maximale à la rupture, Fc, divisée par l'aire des plateaux en millimètres carrés.	c
d La résistance à la traction par fendage d'un cylindre est égale à deux fois la charge maximale en Newton divisée par la somme de la multiplication de pi fois la longueur de la ligne fois la dimension transversale nominale.	d
e Le moment statique d'une aire plane S par rapport à un axe Δ situé dans son plan est égal au produit de cette aire par la distance algébrique de cette aire à l'axe Δ.	e

ÉTAPE 3

[*À la fin de cette classe, vous serez capable de décrire des tendances dans des données, de partager des données à l'oral, de simplifier des données pour les partager avec un public non-spécialisé.*]

1 La mise en train

Pour vous, quelles sont les choses de cette liste qui augmentent pendant l'année académique? Et celles qui diminuent? Et celles qui restent stables? Et celles qui fluctuent?

mon argent	le stress	les devoirs	la gentillesse des professeurs	mon poids
ma pointure	ma moyenne	les heures que je dors	les textos que j'envoie	

Communiquer des données chiffrées, des équations, et des graphes 43

Pensez à trois autres choses, et demandez à des camarades de classe quelles tendances ils remarquent pendant l'année académique.

2 Comment décrire des tendances?

Pour parler des tendances et des comparaisons, il y a des verbes et des expressions qu'on utilise.

Tendances

chuter, une décéleration, baisser, diminuer, rester stable, stagner, monter, progresser, une augmentation, une accélération, une diminution

Comparaisons

plus, moins, aussi
plus de, moins de, autant de
bien: mieux, aussi bien, moins bien
bon: meilleur, aussi bon, moins bon

En utilisant le vocabulaire ci-dessus, créez des phrases pour commenter sur les tendances de votre vie dans ces domaines spécifiques. Ensuite, partagez-les avec un partenaire qui va réagir en utilisant quelques unes des réactions typiques. Ensuite, votre partenaire partage avec vous et vous réagissez. Ne répétez pas les réactions; utilisez une expression différente chaque fois. Suivez le modèle.

Réactions typiques et familières

C'est normal	Ah oui? c'est curieux – *ça suggère que la réponse n'est pas attendue, n'est pas typique*
Exactement	
Pour moi, c'est pareil	Mais non, c'est pas possible
Oui, c'est tout à fait ça	Ah non, pas moi, c'est tout à fait différent
Tu m'étonnes! – *cette expression est ironique; en fait, elle veut dire que ça ne m'étonne pas du tout*	Je me doute – *cette expression est trompeuse; notez que "se douter" veut dire "considérer comme probable" ainsi "je me doute" c'est plus ou moins l'équivalent de "j'avais déjà pensé la même chose"*
Putain, c'est pas vrai! – *une expression argotique et un peu grossière pour exprimer sa surprise*	

Modèle:

*   La quantité de français que vous utilisez dans les cours de français
*   Vous: Dans les cours de français, j'apprends beaucoup de français très utile.
*   Votre partenaire: Tu m'étonnes! Tu es un génie et le professeur est très bien.

    a   La quantité de devoirs cette année
    b   Votre niveau de stress en été
    c   Votre niveau de stress pendant le semestre
    d   Votre moyenne à l'université

44 *Communiquer des données chiffrées, des équations, et des graphes*

   e Vos connaissances en français
   f Vos compétences techniques
   g Le nombre d'heures par jour de sommeil

3 Quelle portion des émissions des gaz à effet de serre est-ce que chaque secteur détient?

Simplifiez ces figures précises avec une fraction. Commentez en utilisant une fraction. Choisissez entre: *un tiers, un quart, un cinquième, un dixième*, et *un vingtième*.

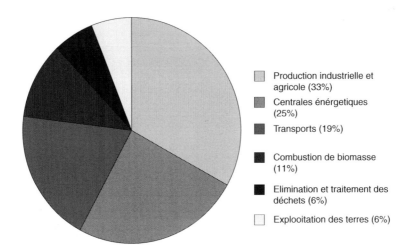

Figure 4.4 Emissions des gaz à effect de serre par secteur

* ce graphique est fictif

Modèle

Ensemble, les centrales énergétiques, les transports, et l'exploitation des terres détiennent *la moitié* des émissions des gaz à effet de serre.

1.

2.

3.

4.

4 Quelles sont les tendances dans la vente des gros appareils électroménagers?

Choisissez la légende ci-dessous de ce graphique qui décrit le mieux les tendances.

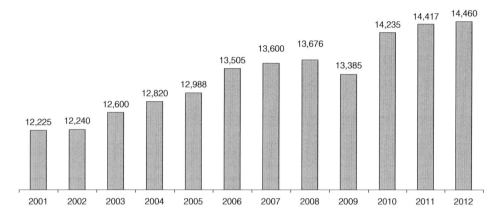

Figure 4.5 les ventes du GEM* (en milliers d'appareils)

Note: *GEM est un acronyme qui réunit les gros appareils électroménagers qui traitent du froid, de la cuisson et du lavage.
Source: Estimations GIFAM

a   A partir de 2010, nous voyons une augmentation régulière des ventes du GEM.
b   Les ventes ont stagné entre 2006–2008 pour ensuite rebondir.
c   A l'exception d'une augmentation en 2009, les ventes du GEM sont en baisse régulière.
d   D'une année à l'autre, les ventes augmentent d'une manière régulière avec l'exception d'une baisse en 2009.

ÉTAPE 4

[*À la fin de cette classe, vous serez capable de calculer le coût d'un projet, de partager des données, de discuter les différences entre des résultats quantitatifs.*]

1 Quelle sorte de graphique?

Dites comment ces données sont représentées (camembert, histogramme, courbe, graphique à barres classées). Expliquez aussi dans quelle sorte de cours il serait logique de les voir.

a

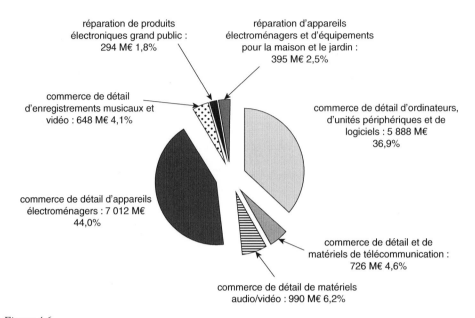

Figure 4.6

Source: Rapport de branche 2013 Commerces et services de l'audiovisuel, de l'électronique et de l'équipment ménager.

b L'influence de la gravité sur la vitesse

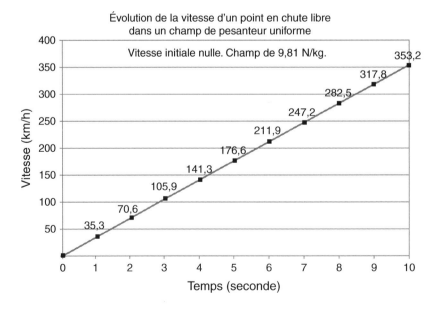

Figure 4.7

c Les changements de la population

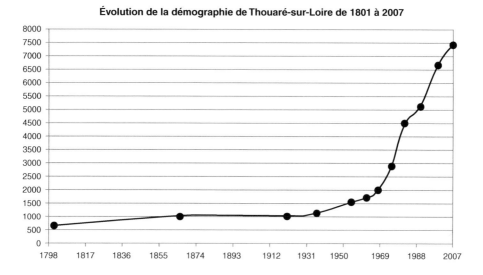

Figure 4.8

d Estimation de vitesse

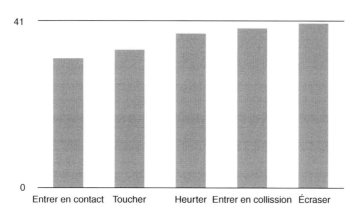

Estimation moyenne de la vitesse (en mph) en fonction de la gravité du verbe (d'après les données de Loftus & Palmer, 1974)

Figure 4.9

2 Calculer le coût du béton

Ci-dessous vous avez une formulation pour faire 1m^3 de béton. Utilisez cette formulation et les prix indiqués pour déterminer le coût d'un mètre cube de ce béton.

48 *Communiquer des données chiffrées, des équations, et des graphes*

BPS C25/30 XCL S3 D10

Sable	Gravillon	CIMENT	Plastifiant Réducteur d'Eau	EAU
0/4	4/10 C	CEM2 42.5	CIMPLAST 115	
CEMEX	DURRUTY	ANORGA	SIKA AXIM	
LABATUT	ARBOUET	CALCIA		
920 Kg	970 Kg	286 Kg	0,40% *	147 L

* 0,40% de la masse de ciment

Les prix des composants

- Le sable et le gravillon coûtent tous les deux 64,80 €/1300kg.
- Le ciment coûte 7 €/25 kg
- Le plastifiant coûte 132 €/20L et sa densité est 1,13
- L'eau coûte 0,03€/L

3 Préparez une explication

Vous allez partager vos calculs avec des étudiants dans la classe. Pour vous préparer, répondez aux questions suivantes.

a Quel est le coût?
b Quels sont les calculs que vous avez faits pour obtenir ce résultat?
c Comment pouvez-vous montrer ces calculs (par exemple, sur un tableau, sur une diapositive, sur une feuille de papier)?

4 Présentez le coût du béton que vous avez calculé

Formez un groupe de quatre. Dites au groupe le coût que vous avez calculé et ensuite expliquez comment vous êtes arrivé à ce montant.

5 Quelles sont les difficultés dans la présentation des données chiffrées?

Répondez aux questions ci-dessous en vous référant à l'activité précédente.

a VRAI FAUX Dire les numéros est une difficulté importante.
b VRAI FAUX Parler des équations est difficile.
c VRAI FAUX Connaître les unités en français n'est pas évident.
d VRAI FAUX Montrer des calculs est difficile.
e VRAI FAUX Faire des calculs est facile.
f VRAI FAUX Trouver les mots de vocabulaire pour les produits ou les choses est difficile

6 Formez vos groupes pour la présentation

Dans la prochaine classe, vous ferez une présentation sur le coût d'un projet. Les devoirs expliquent les calculs à faire. Ainsi, vous devez former vos groupes afin de faire les devoirs ensemble et préparer la présentation. Formez des groupes de trois personnes.

Communiquer des données chiffrées, des équations, et des graphes   49

ÉTAPE 5

[*À la fin de cette classe, vous serez capable de donner une présentation orale sur le coût d'un projet, de présenter oralement des données, de décrire des graphiques, et de fournir des équations.*]

1 La mise en train

- Qui est prêt pour les présentations?
- Qui a mis plus de quatre heures à trouver une solution au problème?
- Qui a passé une nuit blanche pour le compléter?
- Qui a travaillé avec une autre personne pour le faire?

2 Les présentations

Dans des groupes de trois, présentez vos calculs du coût du projet du *Cahier de préparation*.

3 La réflexion

Est-ce qu'il y avait des différences entre les coûts pour le projet de chaque présentation? Quelles différences? Qu'est-ce qui explique les différences? Est-ce qu'il y a une manière de faire qui est meilleure que les autres?

4 L'autoévalution

Cochez les cases pour indiquer votre évaluation de votre propre préparation.

a   Je peux échanger de l'information sur les tendances dans ma vie personnelle.

   C'est sûr   Oui, en général   Parfois   Pas vraiment

b   Je peux comprendre des vidéos des cours qui utilisent des équations.

   C'est sûr   Oui, en général   Parfois   Pas vraiment

c   Je peux comprendre la documentation technique des produits.

   C'est sûr   Oui, en général   Parfois   Pas vraiment

d   Je peux comprendre l'information dans un document sur les bonnes techniques de présenter visuellement des données chiffrées.

   C'est sûr   Oui, en général   Parfois   Pas vraiment

e   Je peux présenter des calculs, des équations, et des données chiffrées en utilisant le vocabulaire approprié.

   C'est sûr   Oui, en général   Parfois   Pas vraiment

f   Je peux participer à une discussion détaillée des méthodes de calcul d'un projet d'ingénierie et des différences qui peuvent en résulter.

   C'est sûr   Oui, en général   Parfois   Pas vraiment

5 Déterminer les étapes, la durée, et le coût d'une solution

ÉTAPE 1

[*À la fin de cette classe, vous serez capable de calculer le coût des produits et de les communiquer.*]

1 Qu'est-ce que c'est?

Posez cette question à des personnes dans la classe pour qu'ils identifient et décrivent l'objet dans l'image (Figure 5.1a–f).

Figure 5.1a–f

Sources: (a) KMJ, alpha masking by Edokter (de.wikipedia, original upload 26. Jun 2004 by) [GFDL (www.gnu.org/copyleft/fdl.html) ou CC-BY-SA-3.0 (http://creativecommons.org/licenses/by-sa/3.0/)], via Wikimedia Commons, https://commons.wikimedia.org/wiki/File%3AGluehlampe_01_KMJ.png (b) Source: https://commons.wikimedia.org/wiki/File%3APiles_electriques.JPG KoS (Own work) [Public domain], via Wikimedia Commons; (c) Source: Oleg Alexandrov (Own work) [Public domain], via Wikimedia Commons, https://commons.wikimedia.org/wiki/File%3AOpened_light_switch.JPG; (d) Santeri Viinamäki [CC BY-SA 4.0 (http://creativecommons.org/licenses/by-sa/4.0)], via Wikimedia Commons, https://commons.wikimedia.org/wiki/File%3AOld_light_switch_2016-05-31.jpg; (e) Zeitlupe (Own work) [CC BY-SA 4.0 (http://creativecommons.org/licenses/by-sa/4.0)], via Wikimedia Commons, https://commons.wikimedia.org/wiki/File%3AORGEL_table_lamp.jpg; (f) Zephyris at the English language Wikipedia [GFDL (http://www.gnu.org/copyleft/fdl.html) or CC-BY-SA-3.0 (http://creativecommons.org/licenses/by-sa/3.0/)], via Wikimedia Commons, https://commons.wikimedia.org/wiki/File%3ACAT5e_Cable.jpg

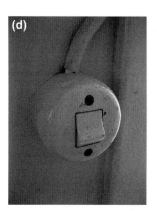

Figure 5.1a–f (Continued)

2 Quel est le prix?

Vous travaillez pour une entreprise de consultation qui propose à une galérie d'art de petites lampes pour un projet artistique. Votre responsable vous demande de créer une lampe de démonstration pour ensuite la proposer à la galérie. Pour faire votre lampe, vous avez besoin d'une ampoule de verre bleu clair, une pile de 1,5 V, des fils de connexion, un interrupteur, et un cylindre en plastique blanc. Les ampoules coûtent 0,50 euros, mais pour la coloration du verre il faut ajouter 10% au prix. Une pile de 1,5 V de bonne qualité coûte 2,50 euros. Une pile de 1,5 V de basse qualité coûte 1,00 euro. Des fils de connexions ne coûtent rien parce qu'il y en a déjà à votre bureau. Un interrupteur coûte 1,77 euros. Pour la lampe de démonstration, vous pouvez utiliser l'abat-jour d'une lampe existante pour le cylindre qui coûte 10 euros. Faites les calculs pour déterminer quel serait le prix pour tous les composants dont vous avez besoin pour faire votre lampe de démonstration. Ensuite, comparez les prix en groupes de trois.

52 *Déterminer les étapes, la durée, et le coût d'une solution*

3 Des conseils pour évaluer les prix

Lisez cet article et répondez ensuite aux questions.

Ce document vient d'un cours en ligne donné par Gérard Casanova et Denis Abécassis sur la gestion de projet. Cette partie du cours traite spécifiquement le calcul du coût d'un projet. La documentation entière du cours de Casanova et Abécassis peut être trouvée ici: http://ressources.aunege.fr/nuxeo/site/esupversions/8f160068-97ac-4e19-887e-097fb9bf3359/res/pdf.pdf

Calculs des coûts

Le calcul des coûts consiste en un exercice exigeant et délicat qui sera affiné pendant toute la phase préparatoire du projet. La principale source de difficultés est liée à l'estimation d'un produit nouveau, encore mal défini et qu'il faudra pourtant chiffrer. Le maître d'œuvre doit connaître le coût du projet avant d'être trop engagé dans sa réalisation, de manière à pouvoir réorienter ses choix, ou renoncer à son projet. Dans la phase de faisabilité du projet, il s'agira de donner des fourchettes de coûts plus que des coûts précis. Ces fourchettes devront cependant éviter d'être sous-évaluées ou sur-évaluées. En effet, si le coût est trop élevé, l'entreprise peut renoncer au projet, alors que celui-ci est effectivement rentable, à l'inverse, avec un coût sous-évalué, le chef de projet risque d'être amené à demander des rallonges budgétaires importantes pendant la phase de réalisation du projet, qui le mettront en difficulté.

a   D'après le contexte, définissez "des fourchettes de coûts".
b   Après avoir lu ce paragraphe, expliquez l'importance du calcul des coûts d'un nouveau projet.

Coût total d'une tâche

Le calcul des coûts de chaque tâche est réalisé par le responsable de projet, avec l'aide du responsable de la tâche ou sur la base d'un devis.

Définition: Coût total
On appellera coût total (CT) la somme des coûts de tous les facteurs de production utilisés.

> CT = Σ pi fi
> Avec: pi = prix d'une unité de facteur i
> fi = quantité de facteur i.
> Toutes les dépenses de l'entreprise sont considérées comme servant à produire et sont donc des facteurs de production.
> Σ = somme pour tous les facteurs utilisés
>
> Exemple: Une tâche A dure 4 jours. Elle est réalisée par 3 maçons, 2 manœuvres et 2 plombiers et nécessitera des fournitures pour un montant de 800 €. Quel est le coût de cette tâche ? Sachant que: le coût journalier d'un maçon est de 130 € (dans une société d'intérim), le coût journalier d'un manœuvre est de 100 € (dans une société d'intérim), le coût journalier d'un plombier est de 180 € (dans une société d'intérim).

a   Quel est le coût total de cette tâche A?
b   Écrivez en paroles l'équation pour déterminer le coût total d'une tâche.

4 Une fourchette de prix

Vous allez mettre en application le concept d'une fourchette de prix pour parler du prix de la finition de la salle sur laquelle vous avez travaillé pour les devoirs. Voilà l'espace. C'est un carré de 20 m par 20 m. L'entrée mesure 12m par 7m. La petite salle mesure 7m par 8m. La grande salle mesure 20m par 13m.

Pour l'entrée, on posera des dalles en ardoise. On mettra de la moquette dans la petite salle. La salle principale sera finie en parquet de chêne. Ci-dessous, vous verrez la gamme des prix unitaires pour l'achat et la pose de chaque matériel. Les prix varient dépendant du fournisseur, la saison pour le bois, et le prix du carburant. Calculez les quantités et la fourchette des coûts, ensuite remplissez les blancs avec les chiffres, et finalement partagez les réponses avec un partenaire.

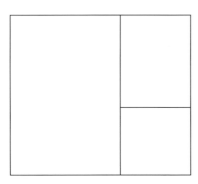

54 *Déterminer les étapes, la durée, et le coût d'une solution*

Designation	Unité	Prix Unitaire
Moquette Balson Bolero	m^2	89,00–95,00 euros
Dalle Ardoise Abysse Pierre Bleue	m^2	69,00–75,00 euros
Parquet Chêne de l'Est	m^2	45,00–60,00 euros

Pour partager les résultats, ces expressions peuvent vous être utile:

Ça peut varier de ... à ...
Au maximum, ce sera ...
Au minimum, ce sera ...
Le prix sera entre ... et ...

5 Décrivez votre chambre à la résidence universitaire et la salle de classe

Quelle est la finition du sol? Quelle est la surface en mètres carrés. Comparez votre chambre à l'image d'une chambre d'une résidence universitaire française.

ÉTAPE 2

[*À la fin de cette classe, vous serez capable de diviser un produit en composants et de parler des étapes dans la conception et la fabrication d'un produit.*]

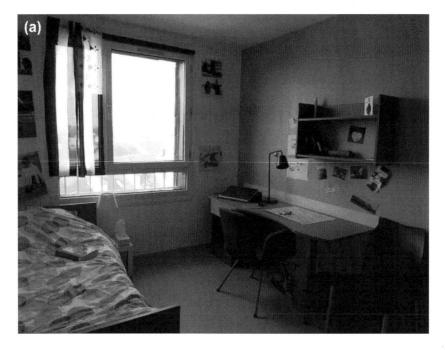

Figure 5.2a–b Résidence La Mare-gaudry à l'Université de Technologie de Compiègne
Source: www.utc.fr/alesc/residences.php

Figure 5.2a–b (Continued)

1 La construction d'une ligne LGV

Ci-dessous vous avez un document (Figure 5.3) qui dépeint les étapes pour la nouvelle Ligne à Grande Vitesse (LGV) entre Montpellier et Perpignan. Prenez connaissance du document, et ensuite, tout en sachant que ce projet spécifique est représentatif de tout projet de travaux publics, écrivez un petit paragraphe qui résume les étapes pour tout projet. Mettez les verbes au présent et utilisez *d'abord*, *ensuite*, *après ça*, et *finalement* pour indiquer la chronologie. Utilisez "pendant" pour la durée des étapes.

2 Voilà une liste des étapes pour faire une autoroute en France

Prenez connaissance de la liste et ensuite indiquez avec les numéros la chronologie de ces étapes. **Attention!** Il y a quelques actions de cette liste qui ne sont pas des étapes pour faire une autoroute et ainsi elles ne devraient pas faire partie de votre chronologie.

le déboisage	la réalisation de la chaussée
l'organisation d'une course à pied	identifier un besoin de transportation
l'application de l'éclairage, des marquages, et de la signalisation	l'investigation des archéologues
	déterminer l'utilité publique
le nivellement du terrain	l'écriture des poèmes de dédicace
étudier les tracés possibles	lancer des appels d'offre
la mise en place des ouvrages d'art	

56 *Déterminer les étapes, la durée, et le coût d'une solution*

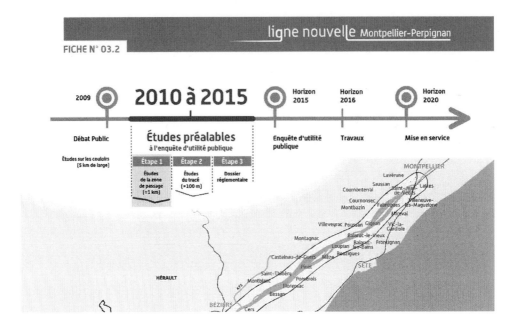

Figure 5.3

Source : Page 13 de : www.ligne-montpellier-perpignan.com/sites/ligne-montpellierperpignan.com/files/rff/dpnovembre 2010.pdf

3 Expliquez la chronologie pour faire une autoroute en France à un partenaire

Utilisez la chronologie que vous avez faite ci-dessus pour expliquer à un partenaire les étapes pour faire une autoroute en France. Utilisez les mots-liens et les expressions de fluidité pour donner plus d'authencité à votre français. Utilisez aussi le pronom "on" en conjugant les verbes au présent.

Mots-liens	*Expressions de fluidité*
D'abord	Alors ...
Pour commencer	voyons ...
Ensuite	et donc ...
Après ça	... et ceci est très important ...
Pour la prochaine chose	
Finalement	
Après avoir	
Avant de	

4 Concevoir une nouvelle sorte de pneu

L'entreprise Tesla conçoit une voiture pour concurrencer la voiture Bugatti Veyron. A cause du poids et de la vitesse de la voiture, Tesla, comme a fait les fabricants de la Veyron, fait appel à Michelin pour concevoir un pneu approprié pour la nouvelle voiture. Le pneu doit résister aux hautes pressions et températures. Il doit aussi permettre d'atteindre la vitesse de 450 km/hr. En plus, il doit permettre un roulement de 50 km même en cas de crevaison. En groupes de trois, anticipez les étapes nécessaires pour la mise en place de ce pneu. Indiquez l'ordre des étapes et aussi celles qui peuvent se passer d'une manière simultanée. Notez bien que vous ne concevez pas le pneu, vous identifiez les étapes principales de sa conception.

ÉTAPE 3

[*À la fin de cette classe, vous serez capable de discuter les étapes d'une solution technique présentées dans un article, d'organiser chronologiquement les étapes d'un processus, et de planifier les étapes d'un processus.*]

1 La mise en train

Lequel de ces outils est-ce que vous utilisez pour planifier des activités? Quelles sont les activités que vous planifiez le plus souvent?

un agenda

Figure 5.4a–d

Sources: https://upload.wikimedia.org/wikipedia/commons/0/00/Calendrier-2015.jpg By Cainfo (Own work) [CC BY-SA 4.0 (http://creativecommons.org/licenses/by-sa/4.0)], via Wikimedia Commons; https://pixabay.com/en/mark-marker-hand-leave-516279/, Creative Commons CC0; https://upload.wikimedia.org/wikipedia/commons/2/2c/Mobile-phone.jpg by Antony Johnson M (Own work) [CC BY-SA 4.0 (http://creativecommons.org/licenses/by-sa/4.0)], via Wikimedia Commons]

un calendrier

Figure 5.4a–d (Continued)

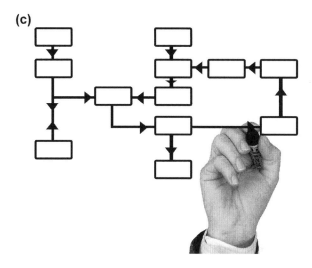

un dessin

Figure 5.4a–d (Continued)

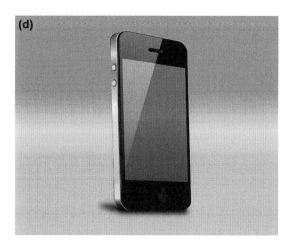

un portable

Figure 5.4a–d (Continued)

2 Quelle est la chronologie du travail sur la main bionique?

Pensez à l'article que vous avez lu pour les devoirs. Mettez ces expressions verbales dans l'ordre chronologique des événements de l'article.

60 *Déterminer les étapes, la durée, et le coût d'une solution*

brancher la main
inventer la main
retirer les électrodes

faire plusieurs essais cliniques
rassembler une équipe de chercheurs
greffer les électrodes

Ceci est une activité orale. Narrez au passé la suite d'événements qui se sont passés pour la mise au point de la main bionique. Utilisez le passé composé et les adverbes comme d'abord, ensuite, finalement.

3 Discutez l'article "Une main bionique dotée du sens du toucher"

Dans un groupe de trois, expliquez à vos partenaires ce que vous pensez être le côté le plus innovateur de la main bionique. Justifiez votre réponse. Utilisez des expressions de fluidité dans votre réponse.

4 Planifiez les étapes

Imaginez que vous devez planifier votre préparation pour l'examen final d'un cours de physique. Dans le cours de physique, vous avez étudié la loi d'Ohm, les courants dérivés, les équations d'état du gaz parfait, l'application du premier principe, l'application du second principe, l'application du théorème de Bernouilli, et la calculation des pertes de charges dans des réseaux. Vous avez une semaine pour étudier et vous pouvez dédier un maximum de deux heures par jour à la révision pour cet examen final. Vous prévoyez que chaque sujet étudié sera présent d'une manière égale sur l'examen. Par contre, vous vous sentez le plus faible dans l'électricité.

a   Planifiez les étapes et la durée de chaque étape pour que vous soyez prêt pour cet examen.
b   Expliquez à un partenaire ce que vous allez faire.

Quand vous expliquez, utilisez les expressions de fluidité et aussi les adverbes de chronologie, et les expressions de causalité. Quand vous écoutez votre partenaire, interrompez-le une fois pour exiger une clarification, une deuxième fois pour faire un résumé qui vérifie que vous avez bien compris, et une troisième fois pour suggérer un changement dans la planification.

5 Vous étudiez à l'Université de Technologie de Compiègne

Vous organisez une petite fête des rois avec des amis qui aura lieu à 19h00. Vous avez commandé une galette des rois à une pâtisserie 5 minutes à l'est de votre résidence universitaire. Vous pouvez la chercher à partir de 18h00. Vous voulez acheter du cidre au supermarché le plus près de chez vous qui est 10 minutes à l'ouest de votre résidence. Il faudra mettre le cidre au frigo pendant au moins une heure pour qu'il soit bien frais. Vous aurez fini avec vos cours à 17h30. Vos cours ont lieu juste en face de la pâtisserie. Expliquez ce que vous allez faire, en indiquant la chronologie et la durée de chaque étape, afin d'être prêt pour la fête à 19h00.

a   Planifiez les étapes et la durée de chaque étape pour que vous soyez prêt pour la fête.
b   Expliquez à un partenaire ce que vous allez faire.

Quand vous expliquez, utilisez les expressions de fluidité et aussi les adverbes de chronologie, et les expressions de causalité. Quand vous écoutez votre partenaire, interrompez-le une fois pour exiger une clarification, une deuxième fois pour faire un résumé qui vérifie que vous avez bien compris, et une troisième fois pour suggérer un changement dans la planification.

Déterminer les étapes, la durée, et le coût d'une solution   63

1 La mise en train

Nommez l'objet dans chaque image en Figure 5.5a–c. Quand vous achetez cet objet, est-ce que vous négociez le prix? Si oui, expliquez à quel moment et avec quelles techniques vous négociez le prix.

2 Faites le bilan du chapitre

Lisez les énoncés ci-dessous et indiquez dans quelle mesure vous êtes capable de les faire.

a   Je peux échanger l'information sur le coût d'un projet.

    C'est sûr   Oui, en général   Parfois   Pas vraiment

b   Je peux justifier mon organisation de la planification d'un projet technique.

    C'est sûr   Oui, en général   Parfois   Pas vraiment

c   Je peux négocier les détails d'une étude de prix avec le client.

    C'est sûr   Oui, en général   Parfois   Pas vraiment

d   Je peux donner une description détaillée des étapes nécessaires pour accomplir une tâche technique.

    C'est sûr   Oui, en général   Parfois   Pas vraiment

e   Je peux écrire un plan personnel pour mon apprentissage indépendant.

    C'est sûr   Oui, en général   Parfois   Pas vraiment

f   Je peux comprendre un article détaillé sur la création d'une innovation biomédicale.

    C'est sûr   Oui, en général   Parfois   Pas vraiment

g   Je peux comprendre un document qui décrit comment calculer les coûts.

    C'est sûr   Oui, en général   Parfois   Pas vraiment

3 Discutez avec un partenaire

Quels sont les aspects les plus difficiles d'une étude de prix? Dans votre vie professionnelle future, quelles seraient les situations où vous feriez le plus probablement une étude de prix?

6 Présenter une solution technique à un public non-spécialisé

ÉTAPE 1

[*À la fin de cette classe, vous serez capable de décrire des objets, d'utiliser la circonlocution pour décrire des objets dont vous ne connaissez pas le nom, et d'utiliser le conditionnel pour parler des situations hypothétiques.*]

1 Utilisez la circonlocution

Pensez à un de ces objets en Figures 6.1a–h. Sans dire lequel, décrivez l'objet à votre partenaire en utilisant la circonlocution. Quand votre partenaire devine le mot, vous changez de rôle.

Expressions utiles pour faire la circonlocution:

C'est une sorte de ...
C'est comme un/une ...
On l'utilise pour ...
C'est l'objet qui/qu'on ...
C'est la chose qui est ...

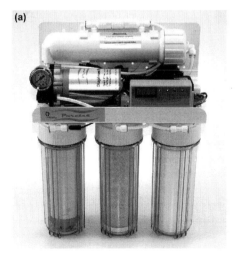

Figure 6.1a–h

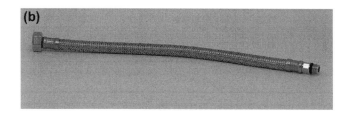

Figure 6.1a–h (Continued)

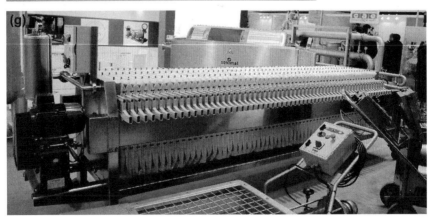

Figure 6.1a–h (Continued)

Présenter une solution technique à un public non-spécialisé 67

Figure 6.1a–h (Continued)

Sources: Kingfish101 (Travail personnel) [CC BY-SA 3.0 (http://creativecommons.org/licenses/bysa/3.0) ou GFDL (www.gnu.org/copyleft/fdl.html)], via Wikimedia Commons, https://commons.wikimedia.org/wiki/File%3ARodi.jpg; Coyau/Wikimedia Commons, via Wikimedia Commons, https://commons.wikimedia.org/wiki/File%3QTuyau_flexible.jpg; Robin Drayton [CC BY-SA 2.0 (http://creativecommons.org/licenses/by-sa/2.0)], via Wikimedia Commons, https://commons.wikimedia.org/wiki/File%3ABritish_Steel_pipeline%2C_Caldicot_Level_-_geograph.org.uk_-_689097.jpg; Jeangagnon (Own work) [CC BY-SA 3.0 (http://creativecommons.org/licenses/by-sa/3.0)], via Wikimedia Commons, https://commons.wikimedia.org/wiki/File%3AEgout_Montreal_03.JPG; Olivier Colas (http://olouf.fr) (Travail personnel) [CC BY-SA 4.0 (http://creativecommons.org/licenses/by-sa/4.0)], via Wikimedia Commons, https://commons.wikimedia.org/wiki/File%3AFiltre_tangentiel.JPG; Olivier Colas (http://olouf.fr) (Travail personnel) [CC BY-SA 4.0 (http://creativecommons.org/licenses/by-sa/4.0)], via Wikimedia Commons, https://commons.wikimedia.org/wiki/File%3AFiltre_plaques.JPG; Roger McLassus (Own work) [GFDL (www.gnu.org/copyleft/fdl.html) or CC-BY-SA-3.0 (http://creativecommons.org/licenses/by-sa/3.0/)], via Wikimedia Commons, https://commons.wikimedia.org/wiki/File%3A2006-02-15_Piping.jpg

2 Qu'est-ce qu'un filtre-presse?

Ci-dessous vous lirez un document du site de l'École Nationale Supérieure d'Ingénieurs de Limoges (ENSIL) qui parle d'un dispositif utilisé dans la purification de l'eau. Le document a pour objectif de décrire ce dispositif aux étudiants. (http://uved-ensil.unilim.fr/co/FiltreP.html).

Avant de lire

Notez que le titre désigne le dispositif que l'article décrit. Qu'est-ce que vous anticipez au sujet de cet objet technique? Est-ce qu'on va parler des gaz, des solides, ou des liquides? Quel serait l'objectif probable d'un filtre-presse?

Vocabulaire utile	
le filtrat	le liquide plus pur qui passe après le filtrage
la siccité	le contraire de l'humidité, la qualité quand une chose est sèche,
le débâtissage	le fait d'enlever un solide d'un objet
colmaté	rempli ou bouché, être plein au point de bloquer
le vérin	c'est un outil qui fait actionner un mécanisme; un vérin hydraulique est un tube à piston

Filtre-Presse

Le filtre-presse est une technique permettant de séparer un mélange solide-liquide. Le liquide est injecté dans un système constitué de plateaux et cadres, recouvert d'une toile et formant des chambres serrées avec une presse. Le filtre fonctionne sous pression (quelques bars) par injection du liquide chargé sous pression (environ 15 bars). On récupère après filtration d'une boue, conditionnée préalablement au chlorure ferrique et à la chaux (ex: 10% et 30% respectivement), un gâteau avec une siccité voisine de 30%, en fonction de l'hydrodynamique (couche limite au dessus du support filtrant) et des propriétés structurelles de la boue. Le filtrat est renvoyé en tête de station pour y être traité. Le système est discontinu et nécessite le débatissage du système pour récupérer les gâteaux. La durée des cycles est de 2 à 4 h. Certains systèmes proposent un débatissage automatique. La consommation énergétique est d'environ 20 à 40 kW/tMS

La filtration par filtre-presse est une filtration en profondeur. Le fluide chargé est injecté sous pression et circule à travers les ouvertures centrales des plateaux tandis que les particules sont arrêtées. Les particules forment alors un second milieu filtrant et les particules nouvellement injectées sont retenues et forment un gâteau dont l'épaisseur et la concentration augmentent à mesure de l'écoulement de la suspension. Un filtrat clair est récupéré après passage à travers les ouvertures des toiles, par des orifices aux extrémités des plaques. Lorsque l'espace entre deux plaques est rempli par les particules, le débit du filtrat devient très faible à nul. Le filtre est colmaté, le vérin maintenant les plaques est desserré et le gâteau est évacué (débatissage).

La filtration a pour objectif de séparer un mélange liquide solide par passage à travers un milieu filtrant. Dans le cas d'un filtre-presse, il s'agit d'une filtration sous pression réduite où le mélange est soumis d'un coté du filtre à la pression atmosphérique et de l'autre à la pression exercée par la pompe, soit à pression constante, où c'est la vitesse de filtration (débit de filtrat) qui va diminuer du fait de l'épaisseur du gâteau, soit à débit constant où l'on augmentera le débit. La perte de charge au travers du filtre est le paramètre de fonctionnement.

La perte de charge s'exprime par la loi de Darcy

$$\Delta P = \frac{u(e_G + e_S).\mu}{perméabilité}$$

Avec

u la vitesse du fluide soit le rapport du débit volumique de filtrat sur la section totale S de gâteau,

$$u = \frac{dV / dt}{S}$$

mu la viscosité dynamique du liquide

e_G l'épaisseur du gâteau

e_S l'épaisseur de gâteau équivalent

Questions de compréhension

Répondez à ces questions.

1 Quelles parties d'un filtre-presse sont mentionnées dans ce document?
2 Dans ce contexte, expliquez ce à quoi le mot "un gâteau" se réfère?
3 Quand est-ce que le débit du liquide plus pur s'approche de zéro?
4 Expliquez en deux ou trois phrases comment cet appareil marche.
5 Est-ce que l'équation à la fin de la lecture vous aide à comprendre le filtre-presse? Expliquez.

Questions de discussion

Discutez en groupes vos réponses à ces questions.

1 Dans quels contextes est-ce qu'un filtre-presse peut-être un outil efficace?
2 Dans quelles circonstances est-ce qu'un filtre-presse ne marcherait pas bien?
3 Qu'est-ce qu'on peut faire pour augmenter la quantité de solides qu'un filtre-presse sépare d'un liquide?

3 Situations hypothéthiques

Complétez les phrases suivantes d'une manière logique en utilisant un des mots de la boîte à mots dans la phrase que vous créez. Faites attention aux temps des verbes, aussi.

un pipeline	un tuyau
le débit d'eau	un mélange liquide-solide
un tuyau flexible	des eaux usées

a Si nous avions une fuite d'eau,
b Si mon entreprise voulait transporter un liquide sur une longue distance,
c J'utiliserais un filtre-presse si
d Si je devais faire circuler de l'eau dans un espace avec beaucoup d'angles étroits,
e Nous enleverions le gâteau si

4 Formation des groupes

Vous allez former vos groupes pour la présentation à la fin de ce chapitre. Voilà le sujet. Il y a un cas réel d'un problème de pollution en France. On décharge des eaux usées polluées dans la Méditerranée. Actuellement, un système de filtre-presse fonctionne pour répondre à ce problème. Par contre, le public trouve que cette solution est insuffisante. Vous êtes chargés d'améliorer la solution et de la présenter au public concerné. Vous allez travailler en groupes pour concevoir la solution et pour la présenter.

70   *Présenter une solution technique à un public non-spécialisé*

ÉTAPE 2

[*À la fin de cette classe, vous serez capable de résumer des documents au sujet des solutions techniques et d'analyser des solutions techniques pour en décrire les avantages et les inconvénients.*]

1 Quelle peut être la solution?

Ci-dessous, vous avez une liste de problèmes, chacun avec une solution qui existe déjà. Lisez un des problèmes à votre partenaire. Ensuite, il va vous donner la solution existante au problème. Si vous ne connaissez pas le mot exact pour la solution, utilisez la circonlocution pour le décrire à votre partenaire. Échangez de rôle après chaque phrase.

a   Je veux écrire avec un stylo mais mon problème c'est que l'encre est permanent.
b   J'aime les tableaux dans les salles de classes, mais la craie produit trop de poussière.
c   Les moteurs diesel sont très efficaces, mais ils produisent trop de pollution.
d   Je veux économiser l'énergie électrique, mais j'oublie souvent d'éteindre les lumières.
e   Les souris d'ordinateur marchent bien, mais j'aimerais mieux pouvoir m'en débarasser pour simplement toucher l'écran avec mes doigts.

2 Est-ce une solution?

Qu'est-ce qu'on fait avec l'eau après l'avoir utilisée? En français, on appelle cette eau déjà utilisée des eaux usées. Décharger cette eau directement dans la nature peut créer des problèmes. Alors, une solution c'est de traiter ces eaux usées. Ecoutez cette vidéo de Véolia qui présente la procédure du traitement et ensuite répondez aux questions ci-dessous. Des mots de vocabulaire qui peuvent vous aider se trouvent dans la boîte. www.youtube.com/watch?v=YhaScVOW3GI

Vocabulaire utile	
une station d'épuration	les locaux qui font le traitement pour rendre l'eau plus pure
une canalisation	les tuyaux qui transportent l'eau
un tamis	une surface avec des trous qui laisse passer un liquide et des particules fines mais qui empêche des particules larges de passer
dissout	le participe passé du verbe dissoudre
un floc	une floculation, des solides suspendues dans un liquide
une goulotte	un tuyau ou conduit qui laisse écouler de l'eau
une boue	des matières solides, souvent de la terre, mélangées avec de l'eau; des dépôts dans les eaux polluées

a   Qu'est-ce qu'on élimine lors de la première étape du traitement primaire?
b   Dans la deuxième étape du traitement primaire, quelles sont les quatre choses éliminées?
c   Dans la troisième étape du traitement primaire, on ajoute un coagulant à l'eau. Quelle est la fonction du coagulant?
d   Pour le traitement secondaire, il s'agit des matières dissoutes. Qu'est-ce qu'on fait pour les éliminer?

Présenter une solution technique à un public non-spécialisé   71

e   On dit que l'eau est analysée après chaque étape. Selon vous, pourquoi est-il important de l'analyser après chaque étape?

3 Les boues rouges

Vous avez lu pour les devoirs l'article au sujet des boues rouges. Dans les groupes que vous avez choisis pour la présentation à la fin de ce chapitre, répondez aux questions suivantes.

a   Qu'est-ce que la boue rouge et pourquoi est-ce un problème? Touchez à tous les aspects de ce problème.
b   Qu'est-ce qu'un filtre-presse? Quel est son rôle dans la résolution du problème de la boue rouge? En quoi est-ce que le filtre-presse n'est pas une solution parfaite?
c   Qu'est-ce qu'il serait important de savoir afin d'améliorer la solution des boues rouges? Quelles recherches pouvez-vous pour trouver l'information? Quelles expériences pouvez-vous mettre en place pour obtenir l'information?

ÉTAPE 3

[*À la fin de cette classe, vous serez capable de décrire le problème des boues rouges, de décrire la solution du filtre-presse, et d'expliquer les problèmes avec cette solution.*]

1 Discutez l'article

Vous avez lu l'article détaillé du *Monde diplomatique* pour les devoirs. Nous allons maintenant le discuter.

a   Pourquoi le filtre-presse n'est pas une solution parfaite au problème des boues rouges?
b   Comment est-ce que la Bauxaline est une solution, au moins en partie, au problème des boues rouges?
c   En quoi est-ce que le problème des boues rouges est plus qu'un problème technique?
d   Pourquoi le public ne semble-t-il pas avoir confiance dans les solutions proposées par Alteo?

2 Parlez de vos recherches

Maintenant, mettez-vous dans vos groupes et parlez de ce que vous avez appris en faisant vos recherches indépendantes pour trouver plus d'information afin d'améliorer la solution des boues rouges.

3 Quelle information peut être utile aux autres groupes?

Présentez à la classe les découvertes importantes que vous avez faites. En écoutant les autres étudiants, répondez aux questions suivantes.

a   Quelles sont les informations importantes?
b   Comment est-ce que les autres étudiants ont trouvé leur information?
c   Y-a-il quelque chose auquel vous n'aviez pas pensé?

72 *Présenter une solution technique à un public non-spécialisé*

4 Qu'est-ce que vous allez faire pour finaliser votre présentation?

Quelles sont les dernières choses que vous devez faire pour vous préparer pour les présentations de votre solution?

ÉTAPE 4

[*À la fin de cette classe, vous serez capable de donner une présentation technique à un public non-spécialisé, de poser des questions au sujet des conséquences possibles d'une solution technique aux présentateurs, et de réagir d'une manière empathique aux questions spontanées.*]

1 Les présentations au public général

Une partie de la classe qui joue le rôle des ingénieurs présentera sa solution à la boue rouge à l'autre partie de la classe qui joue le rôle du public concerné. Après la présentation, il y aura une période de discussion ouverte.

ÉTAPE 5

[*À la fin de cette classe, vous serez capable d'évaluer les pratiques efficaces pour la communication des savoirs spécialisés au grand public, de discuter son auto-évaluation, et de parler de son plan d'auto-apprentissage.*]

1 Les points forts et les points faibles

Avec deux autres personnes de la classe, dites-leur où vous étiez fort et où vous étiez faible dans la présentation. Confirmez auprès de vos partenaires dans quelle mesure ils sont en accord avec votre auto-évaluation.

2 Votre travail de groupe

Reformez vos groupes de présentation. Faites ensemble une évaluation de votre présentation en répondant à ces questions.

- Nous avons bien utilisé le temps de préparation.
- Nous avons bien communiqué les données chiffrées.
- Nous avons bien anticipé les réactions du public.
- Nous avons bien réfléchi aux solutions pour les problèmes secondaires.
- Nous avons bien décrit les mots techniques.
- Nous avons utilisé les bons mots de vocabulaire.

3 La communication des connaissances spécialisées

Les ingénieurs auront souvent des contacts avec des personnes non-spécialisées, que ce soit des collègues des autres services, des clients, ou des gens du public concernés par le travail des ingénieurs. Discutez les questions suivantes avec vos camarades de classe.

Présenter une solution technique à un public non-spécialisé   73

- Quand est-ce que vous avez déjà communiqué des connaissances spécialisées avec des personnes non-spécialisées?
- Quand vous devenez ingénieur, où est-ce que vous anticipez interagir le plus avec un public non-spécialisé?
- Quelles sont les techniques ou les stratégies que j'ai utilisées pendant la présentation qui ont bien marché?
- Qu'est-ce que je ferai différemment dans le futur pour mieux présenter des connaissances spécialisées?

4 Devenir un meilleur ingénieur?

Dans quelle mesure est-ce que ce chapitre vous a préparé à devenir un meilleur ingénieur? A votre avis, qu'est-ce-que vous pourriez faire d'autre pour continuer à devenir un meilleur ingénieur?

5 Plan d'apprentissage indépendent

D'abord, pour les phrases ci-dessous, entourez la réponse qui convient à votre auto-évaluation de vos compétences. Ensuite, pensez à une action concrète qui vous aidera à renforcer les compétences ci-dessous. Réfléchissez et puis écrivez l'action spécifique juste à côté de la compétence.

a   Je peux m'exprimer avec aisance et spontanément au sujet des rejets industriels et des moyens de les réduire.

    C'est sûr   Oui, en général   Parfois   Pas vraiment

b   Je peux soutenir mon opinion sur l'efficacité des solutions pour réduire les rejets industriels.

    C'est sûr   Oui, en général   Parfois   Pas vraiment

c   Je peux développer des hypothèses au sujet des solutions pour réduire les rejets industriels.

    C'est sûr   Oui, en général   Parfois   Pas vraiment

d   Je peux faire une présentation détaillée sur le sujet des rejets industriels et leurs solutions.

    C'est sûr   Oui, en général   Parfois   Pas vraiment

e   Je peux suivre facilement des discours et des discussions sur le sujet des rejets industriels et leurs solutions.

    C'est sûr   Oui, en général   Parfois   Pas vraiment

f   Je peux suivre des arguments longs au sujet des solutions techniques.

    C'est sûr   Oui, en général   Parfois   Pas vraiment

g   Je peux comprendre des textes détaillés sur le problème de la pollution industrielle.

    C'est sûr   Oui, en général   Parfois   Pas vraiment

7 Mener des expériences

ÉTAPE 1

[*À la fin de cette classe, vous serez capable d'identifier de l'équipement, d'utiliser la circonlocution pour décrire des actions et des objets pour lesquels vous ne connaissez pas le mot juste, et d'indiquer l'ordre logique des étapes d'expériences.*]

1 Analysez ces photos

Ci-dessous, vous avez des images de salles. Quelles sont les différences principales entre elles? Pour quelle utilisation ces salles sont-elles faites?

Figure 7.1a–c
Sources: Collections École Polytechnique/Jérémy Barande [CC BY-SA 3.0 (http://creativecommons.org/licenses/by-sa/3.0)], via Wikimedia Commons, https://commons.wikimedia.org/wiki/File%3ALaboratoire_%C3%89cole_polytechnique.jpg; CamilleStromboni [CC BY 2.0 (http://creativecommons.org/licenses/by/2.0)], via Wikimedia Commons, https://commons.wikimedia.org/wiki/File%3AUniversit%C3%A9_d'Avignon_Amphith%C3%A9%C3%A2tre_Sainte-Marthe.jpg; David Benoist (Travail personnel) [CC BY-SA 4.0 (http://creativecommons.org/licenses/bysa/4.0)], via Wikimedia Commons, https://commons.wikimedia.org/wiki/File%3ASalle_Dorveaux_de_la_BIU_Sant%C3%A9_%C3%A0_Paris.jpg

Mener des expériences 75

Figure 7.1a–c (Continued)

2 Le vocabulaire des laboratoires

Les laboratoires sont des salles avec de l'équipement spécialisé. Utilisez les mots ci-dessous pour identifier les objets suivants. Notez qu'il y a un mot qui ne va pas être utilisé.

une centrifugeuse **une balance** un dessicateur
un agitateur une micropipette *une étuve*

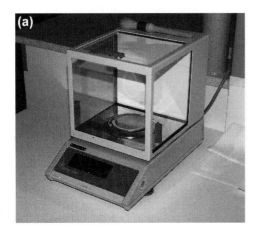

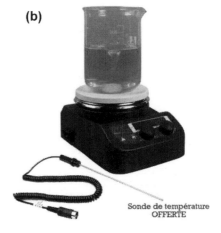

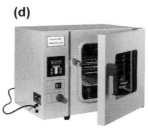

Figure 7.2a-e

Sources: Cjp24 (https://commons.wikimedia.org/wiki/File:Vacuum_desiccator.JPG); https://commons.wikimedia.org/wiki/File%3ATabletop_centrifuge.jpg, par Magnus Manske (Own work) [CC BY 1.0 (http://creativecommons.org/licenses/by/1.0), GFDL (www.gnu.org/copyleft/fdl.html) or CC-BY-SA-3.0 (http://creativecommons.org/licenses/by-sa/3.0/)], via Wikimedia Commons; https://commons.wikimedia.org/wiki/File%3ABalance_Mettler_AJ100.jpg, Par Karelj (Travail personnel) [Public domain], via Wikimedia Commons

3 À quoi est-ce que ça sert?

Pour les cinq objets ci-dessus, utilisez ces expressions verbales pour expliquer leur utilité à un partenaire. Utilisez des phrases complètes.

chauffer   éliminer l'humidité   *faire remuer*

séparer les solides   **mesurer le poids**

4 Stratégie de communication

Il est possible que la circonlocution soit la stratégie de communication la plus utile qui existe. Choisissez un mot de cette liste et gardez-le en secret. Ensuite, utilisez la circonlocution pour décrire le mot à un partenaire. Quand votre partenaire devinera le mot vous échangerez de rôles. La boîte à mot contient des expressions que vous pouvez utiliser.

La boîte à mots		
C'est une sorte de ...	C'est comme un ...	Par exemple, ça peut être ...
C'est quand on ...	C'est la chose qui sert à ...	On l'utilise pour ...
C'est l'action de ...	C'est ce qu'on fait quand ...	C'est la chose qu'on ...

- un essai
- un échantillon
- une éprouvette
- le matériau, les matériaux
- une balance
- un appui
- une charge
- la flexion
- verser
- mesurer
- remplir
- parallèle
- perpendiculaire

5 Quelles sont les étapes d'une expérience typique?

Pour n'importe quelle recherche, des étapes spécifiques définissent son déroulement. Les expressions verbales suivantes représentent les étapes primordiales des recherches. Numérotez-les pour indiquer l'ordre logique.

déterminer le facteur ou les facteurs dont on veut analyser l'influence	identifier la question de recherche
	formuler une réponse à la question de recherche
analyser les résultats	prendre les mesures
réduire ou éliminer les facteurs non-contrôlables	tracer les courbes

78 *Mener des expériences*

6 Quel était l'objectif d'une expérience que vous avez faite?

Racontez à un partenaire l'objectif d'une expérience récente. Expliquez ce que vous avez fait pour effectuer l'expérience. Vous pouvez utiliser les expressions de l'activité précédente pour vous aider.

ÉTAPE 2

[*À la fin de cette classe, vous serez capable de comprendre les instructions des essais et des expériences, de résumer à l'oral les objectifs d'une expérience, et d'écrire les instructions pour des expériences.*]

1 Un jeu d'associations

Qu'est-ce-que vous associez aux équipements suivants? Ne réfléchissez pas; réagissez vite en disant la première chose qui vous vient à l'esprit.

une balance	un bec Bunsen	un tube à essai
la traction	un autoclave	une pipette
une centrifugeuse	une éprouvette	mesurer

2 Quelle action pour quel équipement?

Regardez ces images en Figures 7.3a-f. Demandez à un partenaire la fonction qu'il associe à l'équipement dans chaque image. Si vous ne connaissez pas le mot spécifique pour la fonction, utilisez la circonlocution pour la décrire.

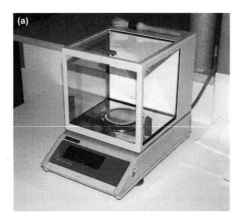

Figure 7.3a–f

Sources: www.lelaborantin.com/produits/equipement-de-laboratoire.html; www.jeulin.fr/produits/physiquechimie/mecanique/statique/dynamometres.html; https://commons.wikimedia.org/wiki/File%3ATr%C3%A8fle_%C3%A0_5_feuilles_avec_r%C3%A8gle.jpg Par Abaddon1337 (Travail personnel) [CC BY-SA 4.0 (http://creativecommons.org/licenses/by-sa/4.0)], via Wikimedia Commons; Romary at French Wikipedia [GFDL (www.gnu.org/copyleft/fdl.html) or CC-BY-SA-3.0 (http://creativecommons.org/licenses/by-sa/3.0/)], via Wikimedia Commons, regle-graduee-maped-15-cm-incassable.aspx; https://commons.wikimedia.org/wiki/File%3AMicrometre_exterieur.jpg; www.jeulin.fr/produits/physique-chimie/energie/transferts-d-energie-et-rendement.html

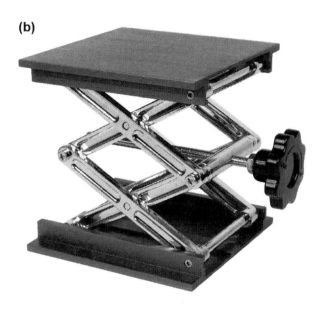

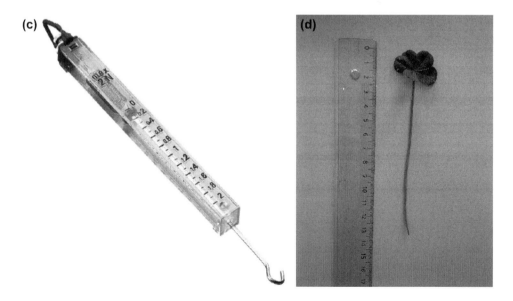

Figure 7.3a–f (Continued)

80 *Mener des expériences*

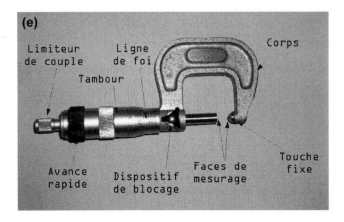

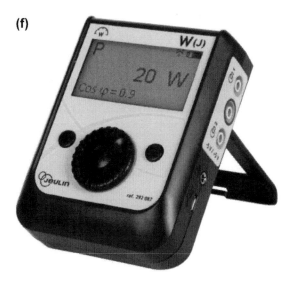

Figure 7.3a–f (Continued)

3 Quel est l'objectif?

Lisez cette description d'un travail pratique (TP) du cours "TP matériaux cimentaires" d'Hélène Carré de l'ISA BTP. Ensuite répondez aux questions qui la suivent. Notez que le mot *une gâchée* indique la quantité de béton produite pendant une tentative de mélange.

> Grâce à différents essais au maniabilimètre LCPC, montrez l'évolution de la fluidité en fonction du dosage en superplastifiant et déterminez le dosage à saturation du superplastifiant testé. Vous utiliserez les dosages du mortier normalisé. Pour ces TP, le sable utilisé sera le sable gris disponible au laboratoire qui n'est pas un sable normalisé. En restant à des pourcentages assez faibles, on pourra négliger l'apport de l'eau par le superplastifiant. Vous fabriquerez 3 éprouvettes 4 × 4 × 16 cm avec le mortier d'une des gâchées réalisées.

a Quel est le variable dans ce TP?
b Comment s'appelle l'appareil qu'on utilise pour mesurer?
c Quel est l'objectif de ce TP?

4 Écrivez des étapes pour accomplir l'objectif d'une expérience

Vous modifiez une formulation de béton en ajoutant un superplastifiant pour que la formulation marche mieux dans des régions froides, avec une température entre 3 et 7 C, tout en restant conformes aux limites prescrites par l'essai d'étalement, l'essai à la boîte L, et l'essai au tamis. Écrivez les étapes en six phrases en utilisant la deuxième personne formelle de l'impératif. Vous n'êtes pas obligé de décrire les trois essais. Ainsi, votre dernière phrase peut être simplement, "Faites les trois essais." Voilà des expressions qui peuvent être utiles, mais vous pouvez utiliser aussi d'autres expressions. Notez que dans ce contexte le verbe *gâcher* veut dire "mélanger avec de l'eau" et on peut dire que c'est plus ou moins l'équivalent de "préparer une formulation de béton".

utiliser des seaux	contrôler la température
varier la quantité	gâcher le béton
mettre dans le malaxeur	déterminer le volume de béton
fabriquer des éprouvettes	ajouter le superplastifiant

5 Qu'est-ce qu'on pense de votre expérience?

Lisez les étapes de l'expérience que vous venez d'écrire à un partenaire. Votre partenaire va vous écouter en utilisant les techniques suivantes de l'écoute active. Ensuite, vous écoutez votre partenaire. Après, discutez toutes les différences et les similarités dans vos expériences.

L'écoute active: Reformulez pour vérifier que vous avez compris.
Demandez des précisions.
Mentionnez une chose spécifique que vous n'avez pas comprise.

82 *Mener des expériences*

ÉTAPE 3

[*Á la fin de cette classe, vous serez capable d'interpréter des graphes, de faire des conclusions au sujet d'une expérience basées sur ces résultats, et de narrer au passé ce qui s'est passé pendant une expérience.*]

1 Qu'est-ce que ces graphes révèlent?

Avec un partenaire, écrivez une ou deux phrases qui résument ce que ces graphes montrent en Figure 7.3a-b.

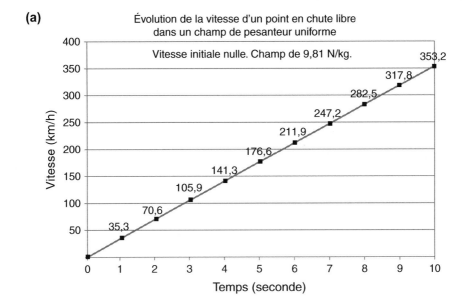

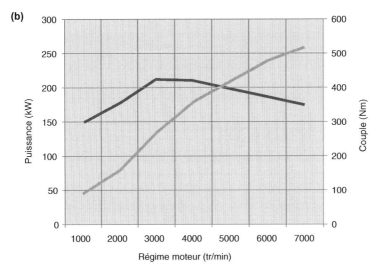

Figure 7.3a–b

2 Qu'est-ce qu'on fait dans cet essai?

Vous allez regarder une vidéo au sujet d'un essai sur béton. Regardez la vidéo et ensuite faites les activités suivantes. Voilà le lien pour la vidéo: www.youtube.com/watch?v= EocBen8xAKg

a   Regardez une première fois et barrez tous les outils et les objets de cette liste qui ne sont pas utilisés dans cet essai.

du béton durci	une machine d'essai universelle	un cube de béton
une équerre	un malaxeur	un cône d'Abrams
un feutre	du béton frais	une règle

b   Regardez une deuxième fois et indiquez l'ordre dans lequel il a fait les actions suivantes.

- nettoyer les surfaces de l'appareil
- mettre en marche l'appareil
- indiquer l'axe du milieu
- visser la plaque supérieure de l'appareil
- mesure le milieu
- mettre l'échantillon dans l'appareil

c   Maintenant, vous allez voir une liste d'actions que la personne a faites logiquement avant d'exécuter cet essai. Indiquez l'ordre chronologique de ces actions préalables à l'essai.

- malaxer
- mesurer les quantités
- couler dans une moule
- décoffrer
- laisser durcir

d   Maintenant, faites un résumé oral au passé qui décrit comment cette personne a effectué cet essai. Notez qu'on utilise le plus-que-parfait pour les actions antérieures à d'autres actions du passé. Ainsi, tous les verbes de la Partie C doivent être mis au plus-que-parfait. Les verbes de la Partie B seront au passé composé. Ajoutez, quand c'est logique, l'outil que la personne a utilisé pour chaque action. Par exemple, vous pouvez écrire: "Il a vissé la plaque supérieure avec les mains." Les adverbes "d'abord", "ensuite", "au même moment", et "finalement" seront utiles aussi.

3 Résumer une expérience faite dans un laboratoire

Regardez ces deux graphes et pensez à l'expérience et aux manipulations qu'on a faites pour obtenir les données présentées dans chaque graphe. Prenez des notes pour ensuite résumer au passé en quatre à six phrases ce que le chercheur a probablement fait pour obtenir ces données.

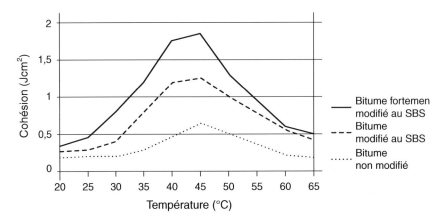

Figure 7.4a Evolution de la cohésion des formulations de bitume par rapport à la température

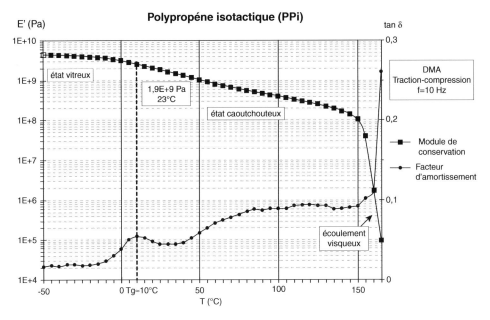

Figure 7.4b Variation de la module de conversation et du facteur amortissement (facteur de perte) par rapport à la température

ÉTAPE 4

[*Á la fin de cette classe, vous serez capable de comprendre les consignes des essais, de partager à l'oral de l'information sur des essais, et de proposer un protocole pour faire un essai.*]

1 Quel est cet objet?

Décrivez ce que vous voyez dans cette image en Figure 7.5 ci-dessous. À quoi est-ce que cet objet sert? Comment s'appelle-t-il?

2 Comment prépare-t-on des éprouvettes?

Ci-dessous, vous avez des consignes pour fabriquer des éprouvettes. Faites les activités avant de les lire, lisez-les, et finalement répondez aux questions de compréhension. Ce document vient du cours "TP matériaux cimentaires" d'Hélène Carré de l'ISA BTP.

Avant de lire

a   Qu'est-ce qu'une éprouvette?
b   Quelle est la place des éprouvettes dans des essais?
c   Pourquoi est-il important de fabriquer toutes les éprouvettes de la même manière?

Figure 7.5
Source: www.3r-labo.com/fr/materiel-de-laboratoire/beton/74-malaxeur-a-beton-de-laboratoire

Gâchées de mortier et fabrication des éprouvettes 4 x 4 x 16 (EN 196–1)

Composition du mortier

- sable normalisé CEN: 1350 ± 5 g
- ciment: 450 ± 2 g
- eau du robinet: 225 ± 1 g

Malaxage du mortier

- introduire l'eau et le ciment dans le bol
- mettre le malaxeur en marche à petite vitesse tout en lançant le chronomètre
- après 30 s de malaxage, introduire régulièrement tout le sable pendant les 30 s suivantes
- passer le malaxeur sur grande vitesse et continuer le malaxage pendant 30 s
- arrêter le malaxeur pendant 90 s. Pendant les 30 premières secondes, enlever au moyen d'une raclette en caoutchouc ou en plastique tout le mortier adhérant aux parois et au fond du bol et le placer au milieu du bol
- reprendre le malaxage à grande vitesse pendant 60 s

Préparation des éprouvettes

Mouler les éprouvettes immédiatement après la préparation du mortier. Le moule et la hausse étant solidement fixés sur la table à chocs, introduire la première des deux couches de mortier dans chacun des compartiments du moule. Étaler uniformément le mortier à l'aide de la grande spatule (cf. schéma ci-dessous). Serrer la première couche de mortier par 60 chocs. Introduire la deuxième couche de mortier et niveler à l'aide de la petite spatule (cf. schéma ci-dessous). Serrer à nouveau par 60 chocs.

Retirer doucement le moule de la table et ôter la hausse. Enlever l'excès de mortier à l'aide de la règle métallique.

Mettre le moule dans le sac plastique repéré "ISA3" et stocké l'ensemble sur les étagères à proximité de la table à chocs.

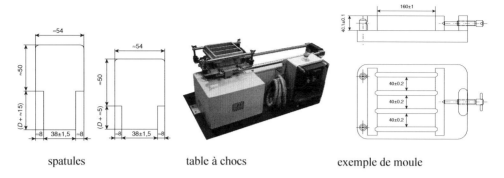

spatules   table à chocs   exemple de moule

Figure 7.6

Source: du cours "TP matériaux cimentaires" d'Hélène Carré de l'ISA BTP

Après avoir lu

- Qu'est-ce qu'on malaxe premièrement?
- Comment est-ce qu'on ajoute le sable?
- Combien de temps total dure le malaxage du mortier?
- Pour la préparation des éprouvettes, quelles sont deux choses qu'on fait avec la première couche?
- À votre avis, pourquoi est-ce qu'on introduit le mortier en deux couches?
- À votre avis, pourquoi est-ce qu'on se sert de la table à chocs?

3 Quels sont d'autres essais importants?

Pour les devoirs, vous avez trouvé deux autres essais importants pour évaluer le comportement du béton. Formez un groupe et partagez ce que vous avez trouvé. Donnez le titre de l'essai. Décrivez ce que l'essai détermine ou évalue. Expliquez pourquoi vous pensez que c'est un essai important pour l'évaluation d'une nouvelle formulation de béton. Soyez prêt à partager avec la classe entière vos discussions de groupe.

4 Discutez une suite d'essais pour l'évaluation d'une nouvelle formulation de béton

Le béton le plus simple se compose de granulats, du ciment, et de l'eau. Pour avoir des performances différentes, on peut varier les quantités de ces trois choses, on peut ajouter des adjuvants, et on peut aussi varier la taille et le matériau des granulats. Imaginons que vous allez utiliser, au moins en partie, des coquilles d'huîtres en tant que granulat. Vous voulez déterminer quelle quantité de coquilles d'huîtres vous pouvez ajouter sans nuire au comportement du béton. Quelles seraient des étapes essentielles pour formuler, préparer, et évaluer le béton formulé en partie des coquilles d'huître?

ÉTAPE 5

[*À la fin de cette classe, vous serez capable de comprendre un rapport technique, de donner des suggestions pour améliorer un rapport technique, et de faire le bilan de votre apprentissage.*]

88 *Mener des expériences*

1 La mise en train

Quelles étaient les parties compliquées du rapport?

2 L'atelier d'écriture

Mettez-vous avec un partenaire et échangez votre rapport contre le sien. Ensuite, faites les activités suivantes.

a Dans la bibliographie, combien d'articles sont en français et combien sont en anglais?
b Identifiez et résumez les hypothèses de votre partenaire. En quoi sont-elles différentes des vôtres?
c Quelle est une expérience que vous pouvez proposer à votre partenaire?
d Vérifiez la grammaire.

- Les verbes, s'accordent-ils avec les sujets?
- Les adjectifs, s'accordent-ils avec les noms qu'ils modifient?

e Évaluez le vocabulaire.

- Quels mots techniques est-ce que votre partenaire a utilisés que vous avez aussi utilisés?
- Quels mots est-ce que vous ne comprenez pas?

3 Partagez vos commentaires avec votre partenaire

Vérifiez que vos résumés s'accordent avec ce que votre partenaire avait l'intention de communiquer.

4 Faites le bilan du chapitre

Lisez les énoncés ci-dessous et indiquez dans quelle mesure vous êtes capables de les faire.

a Je peux échanger de l'information complexe sur les essais pour déterminer le comportement mécanique du béton.

C'est sûr   Oui, en général   Parfois   Pas vraiment

b Je peux parler des détails des expériences que j'ai faites.

C'est sûr   Oui, en général   Parfois   Pas vraiment

c Je peux écrire un rapport qui présente mes recommandations d'un protocole d'évaluation.

C'est sûr   Oui, en général   Parfois   Pas vraiment

d Je peux comprendre le résumé oral des expériences de laboratoire.

C'est sûr   Oui, en général   Parfois   Pas vraiment

e Je peux comprendre un rapport qui indique comment faire des essais et des expériences.

C'est sûr   Oui, en général   Parfois   Pas vraiment

f   Je peux comprendre la documentation technique.

C'est sûr   Oui, en général   Parfois   Pas vraiment

g   Je peux faire une présentation détaillée sur la procédure et les résultats d'une expérience.

C'est sûr   Oui, en général   Parfois   Pas vraiment

8   Dépanner le client

ÉTAPE 1

[*À la fin de cette classe, vous serez capable de résumer des messages au sujet des problèmes techniques et d'analyser des messages pour déterminer l'information supplémentaire qu'il faudra pour les résoudre.*]

1 Qu'est-ce qui peut être le problème?

Le message ci-dessous a été envoyé au forum de discussion "Culture Informatique" par une personne qui a un problème informatique. Le forum se trouve ici: www.culture-informatique. net/forum/jai-un-probleme/plein-de-messages-de-pub-sur-mon-ordi/
Lisez le message et faites les activités qui le suivent.

> 15 août 2014
> 9 h 13 min
> **cind-48**
> Member
> Nombre de messages du forum: 14
> Membre depuis:
> 15 août 2014
>
> Bonjour,
>   J'ai plein de messages de pub sur mon ordi. Qu'est qu'il [sic] faut faire pour les enlevé [sic] ? Je crois que j'ai installé un logiciel qui m'a foutu le bazar. Merci de votre aide.
>   Cindy

a   Quel est le domaine auquel appartient le problème de Cindy?

    A   Informatique   B   Commercial
    C   Service clientèle   D   Logique

Dépanner le client 91

b   Expliquez en deux phrases pourquoi vous avez fait le choix précédent.
c   À votre avis, quelle est la signification de l'expression "foutre le bazar"?

   A   coûter cher   B   créer du désordre
   C   ne pas marcher   D   faire des économies

2 Analysez ce problème

Dans ce message envoyé à un forum de discussion, la personne décrit un problème avec son ordinateur. Le message a été envoyé au forum "CCM" de l'organisation Comment Ça Marche qui se trouve ici: www.commentcamarche.net/forum/affich-15948464-le-clic-gauche-du-trackpad-fonctionne-mal. Lisez sa description et faites les activités qui suivent son message.

Le clic gauche du Trackpad fonctionne mal [Résolu]

MrKrokus – Dernière réponse le 29 déc. 2015 à 20:46

Bonjour,

   J'ai un souci sur mon MacBook Pro 13", le clic gauche n'est pas désactivé mais fonctionne très mal si je clique dans le coin inférieur gauche il faut que j'appuie comme un bourrin pour qu'il fonctionne, si je clique un peu plus vers le centre c'est moins dur mais toujours aussi peu commode!

   Après avoir réinstallé Snow Leopard (pour d'autres raisons) j'ai eu l'agréable surprise de voir ce problème disparaître sauf qu'il est réapparu après 2 semaines d'utilisations, j'ai réinstallé encore une fois SL est [sic] encore une fois le souci avait disparu! Bref il est donc revenu après quelques temps et je ne sais plus quoi faire!

   J'ai activé dans le menu du trackpad la fonction "Taper pour cliquer" en solution de replis mais je suis pas un fan du "Taper pour cliquer".

   Que dois-je faire ? Existe-t-il une solution ? Avez-vous eu ce problème ?

a   Résumez dans une phrase son problème.
b   Qu'est-ce qui semble être l'évidence la plus importante pour déterminer la raison de son problème?
c   Quels sont trois mots techniques que la personne a utilisés?
d   Quelles sont deux expressions familières que la personne a utilisées?

3 Analysez le problème de MrKrokus

Avec un partenaire, pensez à deux questions à poser et à deux suggestions à proposer à cette personne pour mieux savoir la raison pour son problème.

92 *Dépanner le client*

ÉTAPE 2

[*À la fin de cette classe, vous serez capable de poser des questions pour mieux cerner un problème, de jouer un dialogue spontané au sujet du dépannage d'un problème informatique, et de proposer des solutions.*]

1 Une leçon de dépannage

Ci-dessous vous verrez une leçon sur le dépannage des problèmes informatiques. Lisez-la et ensuite faites les activités qui la suivent.

Les étapes du dépannage informatique

Quand vous travaillez avec un client pour résoudre ses problèmes informatiques, sachez qu'il y a des étapes à suivre qui vont vous aider à bien dépanner le client. Voilà une liste de quatre étapes pour un dépannage réussi.

Étape 1: Identifier le problème

L'essentiel est de solliciter une description détaillée du client. Le client doit vous décrire exactement ce qui ne va pas. Ne vous fiez pas à la première constatation du client. Par exemple, s'il vous dit qu'il a un problème avec le bloc d'alimentation de son ordinateur, il peut avoir raison, mais peut-être que le problème est plutôt qu'il n'a pas bien branché le cordon de son ordinateur! Exigez que le client décrive d'une manière détaillée le problème.

Étape 2: Déterminer l'origine du problème

Pour bien cibler l'origine du problème, il faut poser plusieurs questions au client et aussi demander au client de faire certaines choses. Si l'ordinateur ne s'allume pas, il faut vérifier d'abord si l'alimentation électrique arrive à l'ordinateur. Est-ce que c'est un problème généralisé de l'électricité? Est-ce que c'est un problème avec le cordon? Est-ce que c'est un problème interne dû aux défaillances de matériel ou de logiciel? Ainsi vous pouvez demander au client de brancher d'autres objets dans la prise, de changer de cordon, ou de voir si des témoins s'allument ou d'entendre si des ventilateurs tournent. Toutes ces questions vous aideront à bien cibler l'origine du problème.

Étape 3: Choisir la solution

Après avoir déterminé l'origine du problème, on passe au choix de solution. Parfois, il y a un choix spécifique qui s'impose. Par exemple, si l'ordinateur ne s'allume pas à cause d'un cordon défaillant, il n'y a qu'à changer de cordon. Mais, en général, on dépanne avec plus d'ambiguïté et il n'y a pas une seule solution évidente. Alors, dressez une liste de solutions probables et prioritisez-les. Mettez en priorité celles qui sont les plus probables de marcher et aussi celles qui sont les plus simples à mettre en oeuvre.

Étape 4: Vérifiez la solution

Muni de votre liste de solutions probables, vous pouvez passer à leur mise en place. Soyez sûr d'avoir sauvegardé toutes les données et d'avoir protégé l'ordinateur. Vous ne voulez pas créer de nouveaux problèmes! Quand vous trouvez la solution qui marche, il faut aussi être

Dépanner le client 93

certain que le problème ne revient pas. Faites quelques vérifications en éteignant et en rallumant l'ordinateur et aussi en utilisant des logiciels variés.

Questions de compréhension

1   Dans la première étape, pour bien déterminer le problème, quelle est la technique principale?

2   Pour la deuxième étape, pensez-vous que "Établir les limites du problèmes" soit un meilleur titre pour cette étape? Justifiez.

3   Quel est le meilleur synonyme pour le mot "défaillance" utilisé dans la deuxième étape?
    i   une erreur   iii   une situation difficile
    ii une faiblesse   iv   un mauvais fonctionnement

4   Selon les conseils dans la troisième étape, qu'est-ce qu'on fait si une seule solution n'est pas évidente?

5   Dans la dernière étape, avant de passer à la vérification, qu'est-ce qu'on recommande de faire?

---

2 Imaginez que vous postulez pour un emploi à un service de dépannage

Comme première étape du processus d'embauche, on vous demande de mettre en ordre logique cette série de questions-réponses suivantes pour reconstituer une conversation du service de dépannage. Numérotez-les de 1 à 5 pour indiquer l'ordre logique.

Q: Est-ce que vous avez un laptop ou un fixe?
R: J'ai un fixe.

Q: Est-ce que le cordon d'alimentation fonctionne?
R: Eh, bien, je ne suis pas sûr, mais je remarque que le voyant vert ne s'allume pas en le branchant.

Q: Est-ce que vous êtes sûr qu'il y a du courant à la prise?
R: Oui.

Q: Quand vous allumez qu'est-ce que vous entendez ou voyez?
R: Rien, absolument rien. Il n'y a rien qui se passe.

Q: Pourriez-vous me décrire votre problème?
R: Mon ordi ne s'allume pas.

3 Fournissez des questions pour un dépannage

Dans une autre étape du processus d'embauche pour l'emploi au service de dépannage, il s'agit de fournir des questions logiques pour acquérir de l'information et d'indiquer l'objectif principal de chaque question. Ainsi, ci-dessous vous avez des réponses aux questions. Écrivez une question logique pour soliciter chaque réponse et indiquez l'objectif principal de chaque question.

94 *Dépanner le client*

a *Q:*

    R: L'écran ne s'allume pas.

b *Q:*

    R: Mais bien sûr que oui! Je ne suis pas idiot. Evidemment, j'ai appuyé sur le bouton "Start".

c *Q:*

    R: C'est un laptop HP.

d *Q:*

    R: Oui, il y a de l'électricité et la prise est en bon état.

e *Q:*

    R: Parce que j'ai une lampe que je branche dans la même prise et elle s'allume et donc c'est pour ça que je sais que la prise fonctionne.

f *Q:*

    R: La marque de la carte mère, c'est une Asus.

4 Simulez une conversation de dépannage

Une autre étape du processus d'embauche pour l'emploi au service de dépannage consiste à participer à une conversation improvisée avec un recruteur du service de dépannage. Avec un partenaire, inventez des questions et des réponses en vous référant à l'activité précédente. Après l'avoir fait une fois, échangez de rôles et faites-le encore.

Candidat: Service Dépannage Ordi, bonjour!
Recruteur: Bonjour, je vous téléphone parce que j'ai un problème avec mon ordinateur.

Candidat: Quelle sorte de problème avez-vous?
Recruteur:

Candidat:
Recruteur:

Candidat:
Recruteur:

Candidat:
Recruteur:

Candidat:
Recruteur:

Dépanner le client 95

ÉTAPE 3

[À *la fin de cette classe, vous serez capable de résumer des messages au sujet des problèmes liés aux batteries de laptop, d'analyser des solutions provisioires pour déterminer les problèmes fondamentaux, et de discuter des solutions robustes.*]

1 Quelle sorte d'ordinateur as-tu?

Posez ces questions à une personne dans la classe. Cherchez tous les détails qui vous semblent les plus importants.

- Quelle est la marque de ton ordinateur?
- Quel est le processeur dans ton ordinateur?
- As-tu un écran tactile?
- Quel est le système d'exploitation que tu as?
- Est-ce que tu trouves que ton ordinateur est lourd?
- Quels problèmes as-tu avec ton ordinateur?
- Es-tu satisfait de votre ordinateur?
- Est-ce que ta batterie tient sa charge longtemps?
- As-tu des problèmes avec la batterie de ton ordinateur?

2 Quels sont les problèmes avec les batteries des portables?

Lisez cette anecdote et faites les activités qui la suivent. Cette anecdote vient du forum "CCM" de l'organisation Comment Ça Marche qui se trouve ici: www.commentcamarche. net/forum/affich-2721879-batterie-probleme-de-charge

---

[Batterie] Problème de charge [Résolu/Fermé]

Bonjour,

J'ai acheté récemment un portable Acer Aspire 9423. Je rencontre un problème au niveau de la charge de la batterie. Lorsque je branche le câble d'alimentation, mon indicateur de batterie me dit "Branché, pas en charge' bref je n'arrive pas à charger la batterie.

Comment puis-je faire pour remédier à celà?

Merci pour vos réponses

Gilmour

96 *Dépanner le client*

a   Expliquez en une phrase le problème de Gilmour.
b   Est-ce que ce problème peut être à cause du câble d'alimentation? Justifiez votre réponse.
c   Quelle question serait importante de poser à Gilmour pour mieux l'aider?

3 Des réponses au problème de Gilmour

Dans les messages qui suivent, vous avez des réponses que des internautes ont fournies au problème de Gilmour. Lisez les messages et faites les activités en bas. Tous les commentaires viennent du forum www.commentcamarche.net/forum/affich-2721879-batterie-probleme-de-charge

Poudoukou

Bonjour à tous,

J'ai un portable de chez HP et j'ai eu le même problème que vous tous. ***Et j'ai la solution*** (chez moi ça a marché). Tout simplement:

Au dos de votre portable, où se situe la batterie, il y a un "clapet" qui sert à sortir la batterie. Vous n'avez qu'à faire glisser ce "clapet" vers la droite dans le but de faire sortir la batterie. Laissez votre portable pendant 1 à 2 minutes tourner sans la batterie puis remettez-la dans son support (si elle est mise comme il faut, vous entendrez un "clik"). Et à présent, magie, l'icône au bas de votre fenêtre représentant une pile se charge.

Donc, votre problème est, je l'espère, résolu. Redites-moi si ça marche chez vous ;-).

Qc_Killa

Oui j'ai eu le même problème, mais je crois que c'est dû à la chaleur de la batterie. Moi je l'enlève, je la laisse refroidire et bang tout marche parfaitement.

a   Qu'est-ce que Poudoukou et Qc_Killa suggèrent de faire?
b   En quoi est-ce que leurs réponses sont différentes?
c   Selon Qc_Killa, quelle est la raison pour le problème?

4 Quelles sont les solutions?

Sur le même forum où Gilmour a présenté son problème, d'autres personnes ont expliqué leurs solutions variées. Lisez les autres solutions et puis répondez aux questions en bas.

Polly

Bonjour à tous, j'ai un hp DV6500 et je suis tombée sur le même problème "branché, pas en charge". Cela s'est résolu très vite pour ma part; Je ne sais pas si ça marchera pour vous mais il m'a suffi d'aller dans option d'alimentation puis modifier les paramètres du mode (pour chaque mode) puis cliquer sur rétablir les paramètres par défaut.

Ça a l'air bête mais j'ai mis du temps à trouver.
Bon courage si rien ne marche pour vous.

Vincebel

Alors j'avais le même problème avec un hp pavillon dv6000. La batterie ne se charge pas malgré le fait qu'elle était branchée sur l'alimentation. J'ai résolu le problème juste en retirant et en remettant la batterie. Peut-être un faux contact, mais maintenant elle se charge.

Patemac

J'ai peut-être une solution pour ceux qui ont le problème "batterie branchée pas en charge" et qui ont un ACER:

ordinateur sur batterie
il faut ouvrir acer empowering technology
cliquer sur alimentation
fermer ordinateur (arrêter ou en veille)
ouvrir de nouveau toujours sur batterie
attendre l'ouverture complète
puis brancher cordon d'alimentation (sur secteur)
normalement la batterie se remet en charge ...

j'ai l'impression chez ACER que c'est le programme "acer empowering technology" qui garde en mémoire le type d'alimentation et du coup qui ne met pas en charge la batterie si on branche l'ordinateur sur secteur avant de le démarrage.

Hamdibe

J'avais le même problème et j'ai un Toshiba.

J'ai maintenu le bouton FN enfoncé et clické sur le bouton F3 (il y a une photo de flèche qui va vers une RAM ou quelque chose comme ça), et j'ai trouvé mon ordi en veille. J'ai clické sur le bouton d'alimentation (qui ouvre l'ordi) pour sortir l'ordinateur de la veille et voilà! **Le probleme est résolu!**

98   *Dépanner le client*

a   Quelle est la solution de Polly? Pour que cette solution marche, est-ce que la source du problème est plutôt dans la batterie, dans le matériel de l'ordinateur, ou le logiciel de l'ordinateur?

b   Qu'est-ce que Vincebel a fait pour résoudre son problème? Selon lui, est-ce que la source du problème est plutôt dans la batterie, dans le matériel de l'ordinateur, ou le logiciel de l'ordinateur?

c   Quelle est la différence principale entre la solution de Patemac et les deux précédentes? Selon Patemac, est-ce que la source du problème est plutôt dans la batterie, dans le matériel de l'ordinateur, ou le logiciel de l'ordinateur?

d   Quelle est la découverte que Hamdibe a faite? Dans son cas, est-ce que le problème est plutôt dans la batterie, dans le matériel de l'ordinateur, ou le logiciel de l'ordinateur?

5 Des analyses de l'architecture des portables

Pourquoi est-ce qu'il y a tant de problèmes avec les batteries des portables? Avec un partenaire, dressez une liste des raisons principales en vous rappelant le contenu de l'article que vous avez lu dans le cahier de préparation. Ensuite, pensez aux solutions possibles pour chaque problème.

ÉTAPE 4

[*À la fin de cette classe, vous serez capable de décrire les techniques pour faire accepter des changements, de comprendre les aspects socio-culturels de certains problèmes techniques, et de donner des conseils pour lancer un nouveau produit.*]

1 Les nouveautés

Posez ces questions à trois personnes différentes.

*   Quand est-ce que vous avez fait le plus récemment une mise à jour d'un logiciel (de votre système d'exploitation, votre téléphone mobile, ou un autre appareil)?
*   Qu'est-ce qui a changé quand vous l'avez fait? En général, quelle est votre première réaction juste après avoir fait une mise à jour?

2 Est-ce vrai ou faux?

Les phrases suivantes sont liées à l'article que vous avez lu pour vos devoirs sur les techniques pour faire accepter un changement. Est-ce que ces phrases sont vraies ou fausses pour faire accepter un changement selon les conseils de l'article? Si elles sont fausses, changez-les pour qu'elles soient vraies.

a   On doit décrire les désavantages du changement.
b   Il est important d'expliquer pourquoi on lance le changement.
c   Il faut mettre en place un plan de communication continue.
d   C'est une bonne idée d'oublier un plan de formation personnalisée.

Dépanner le client   99

e   On est obligé d'aborder l'effet sur les postes.
f   Il est de la plus haute importance d'expliquer l'impact positif à long terme sur l'organisation du changement.

3 Donnez des recommendations

Vous êtes consultant pour une nouvelle initiative à l'intérieur de MSI France, une société informatique. MSI France veut créer une nouvelle gamme d'ordinateurs avec une batterie externe. En pensant aux conseils pour faire accepter un changement, complétez les phrases ci-dessous pour créer des recommendations au responsable de cette initiative à MSI. Notez que vous devez utiliser le subjonctif après toutes ces expressions.

a   Il faut que vous ...
b   Il est important que les salariés ...
c   Il est nécessaire que les cadres ...
d   Il est essentiel que tout le monde ...
e   Je veux que vous ...
f   Avant de lancer ce changement, il faut que l'entreprise ...

4 Qu'en pensez-vous?

Une amie qui est aussi consultante partage avec vous une de ses astuces pour lancer un changement technologique. Elle vous dit qu'elle crée un groupe-pilote, c'est à dire un petit groupe au sein du grand groupe, qui commence à utiliser la nouveauté. Elle explique qu'elle choisit les personnes selon deux critères. Premièrement, les plus ouvertes aux changements et deuxièmement les personnes qui sont perçues comme brillantes par leurs collègues. Ce groupe-pilote utilise la nouveauté avant les autres et ainsi il sert de modèle que les autres veulent imiter. Pensez-vous que ça puisse bien marcher pour MSI France? Discutez en groupes en utilisant les expressions suivantes quand elles sont appropriées.

Pour exprimer la certitude, utilisez l'indicatif après ces expressions:

Je suis sûr(e) que
Il est clair que
Il est probable que
Il est vrai que

Pour exprimer le doute, utilisez le subjonctif après ces expressions:

Je doute que
Il est peu probable que
Je crains que
Il se peut que

ÉTAPE 5

[À la fin de cette classe, vous serez capable de comprendre les différences régionales d'un mot, d'évaluer le rapport d'un autre étudiant, et de faire le bilan de votre apprentissage.]

1 Qu'est-ce qu'un dépanneur?

Un dépanneur au Québec n'est pas la même chose qu'un dépanneur en France. Regardez ces deux images d'un dépanneur dans chaque pays. Avec un partenaire, créez des définitions spécifiques pour le mot dans chaque pays. Ensuite, expliquez en quoi le mot "un dépanneur" est logique dans les deux cas.

Figure 8.1 Au Québec

Source: https://lespetitesmanies.com/2015/02/portrait-photo-les-deps-montrealais/

Figure 8.2 En France

Source: www.convoi-exceptionnel.fr/?page=convoi&type=depanneuse&societe_id=779

Dépanner le client 101

2 Atelier d'écriture

Mettez-vous avec un partenaire et échangez votre rapport contre le sien. Lisez son rapport et répondez ensuite à ces questions.

a   Combien de raisons pour le problème de charge d'une batterie est-ce que votre partenaire a présentées?

b   Quelles sont les solutions possibles qu'il a esquissées?

c   Combien d'avantages a-t-il présenté pour la solution de la batterie externe?

d   Quelles sont les trois difficultés pour faire accepter cette solution que votre partenaire a mentionnées?

e   À votre avis, quelle est la partie la plus convaincante de ce rapport?

3 Faites le bilan du chapitre

Lisez les énoncés ci-dessous et indiquez dans quelle mesure vous êtes capables de les faire.

a   Je peux échanger de l'information sur mes préférences concernant du matériel informatique.

     C'est sûr   Oui, en général   Parfois   Pas vraiment

b   Je peux échanger de l'information sur les problèmes et les solutions liés aux ordinateurs.

     C'est sûr   Oui, en général   Parfois   Pas vraiment

c   Je peux écrire un rapport détaillé pour convaincre un public d'adopter une solution spécifique aux problèmes des batteries d'ordinateurs portables.

     C'est sûr   Oui, en général   Parfois   Pas vraiment

d   Je peux comprendre des conversations au sujet des problèmes avec les ordinateurs.

     C'est sûr   Oui, en général   Parfois   Pas vraiment

e   Je peux comprendre une évaluation écrite d'un nouvel ordinateur.

     C'est sûr   Oui, en général   Parfois   Pas vraiment

f   Je peux comprendre un rapport sur les techniques pour encourager l'adoption des changements.

     C'est sûr   Oui, en général   Parfois   Pas vraiment

g   Je peux comprendre des descriptions écrites des problèmes techniques.

     C'est sûr   Oui, en général   Parfois   Pas vraiment

9 Participer à une réunion technique

ÉTAPE 1

[*À la fin de cette classe, vous serez capable d'analyser les objectifs d'une réunion, de décrire les comportements typiques d'une réunion, d'écrire l'ordre du jour d'une réunion.*]

1 Quel est le message de ce dessin humoristique?

Analysez le dessin et puis, avec un partenaire, faites les activités suivantes.

a   Dans le dessin, qui est la personne qui parle?
b   Qu'est-ce que vous imaginez être son rôle à l'entreprise?
c   Pourquoi est-ce que c'est amusant?
d   On peut dire que l'humour de cette image vient de la confrontation entre deux objectifs. Quels sont les deux objectifs qui se confrontent?

Figure 9.1

Source: Gabs. *Réunions, Y'en a marre*, Editions Eyrolles, 2010.

Six objectifs des réunions:

- Former
- Informer
- S'informer
- Stimuler des idées
- Aboutir à un accord
- Trouver des solutions

2 Comment faire une bonne réunion?

Le document ci-dessous explique qu'une bonne réunion dépend de sa préparation. Le document vient du site "Techniques pour l'ingénieur" (www.techniques-ingenieur.fr). Le lien pour le document est le suivant: www.techniques-ingenieur.fr/fiche-pratique/genie-industriel-th6/ piloter-et-animer-la-qualite-dt34/comment-preparer-et-mener-une-reunion-efficace-0347/. Prenez connaissance de ce document et ensuite faites les activités qui le suivent.

Étape 1: Préparer la réunion

L'utilisation de la **méthode «TOP»** permet de préparer méthodiquement la réunion en définissant les principaux objectifs de la réunion:

MÉTHODE "TOP"

T: définir clairement le **thème** de la réunion, c'est-à-dire "De quoi allons nous parler?"
O: définir l'**objectif** à atteindre à l'issue de la réunion, c'est-à-dire "Devons nous trouver des solutions, présenter uniquement les problématiques, présenter des résultats?"
P: définir avec précision le **plan**, l'ordre du jour, les points à aborder pour atteindre l'objectif.

a   Pourquoi est-ce que cette méthode s'appelle "TOP"?
b   Résumez dans une phrase les suggestions dans le document.
c   Expliquez pourquoi la préparation est cruciale pour une bonne réunion.

3 Qu'est-ce que l'ordre du jour d'une réunion?

Dans le document précédent, on utilise l'expression "l'ordre du jour" Qu'est-ce que c'est? L'ordre du jour d'une réunion est un document qui indique tous les sujets qui vont être discutés. Il est normal d'inclure aussi le lieu, la date, et l'heure de la réunion. Regardez cet exemple d'un ordre du jour et ensuite faites les quatre activités en bas.

104 *Participer à une réunion technique*

MAIRIE

BEAUMONT-HAGUE
Tél. 02 33 01 57 20
Fax 02 33 52 06 77

ORDRE DU JOUR

Du mardi 05 avril 2016 à 18 heures

REUNION DU CONSEIL MUNICIPAL DE BEAUMONT-HAGUE

1. Approbation du compte rendu du 17 février 2016
2. Compte Administratif 2015 et Compte de Gestion 2015 (commune et annexes)
3. Affectation du résultat
4. Vote des taux d'imposition
5. Budget Primitif 2016 (commune et annexes)
6. Avenant convention PUP entre M. et Mme Marc GIRARDEAU et la commune
7. Avenant N° 1 convention entre l'amicale territoriale de la Hague et la commune
8. Convention d'aménagement des points d'arrêt du réseau de transport départemental Manéo
9. Prestations SPA année 2016
10. Emplois saisonniers
11. Affaires et questions diverses

Beaumont-Hague, le 31/03/2016
Le Maire

Bruno LEGER

http://beaumont-hague.fr/
contact@beaumont-hague.fr

Adresse postale : B.P. 126 - 50441 BEAUMONT-HAGUE CEDEX
Courriel : mairiebeaumonthague@wanadoo.fr

Figure 9.2

Participer à une réunion technique   105

a   Quelle est l'organisation qui se réunit?
b   Quel est l'objectif principal de la réunion? Choisissez un objectif de la première activité de ce chapitre. Justifiez votre choix.
c   Regardez les treize sujets qui vont être traités. Quelle image est-ce que ces sujets vous donnent de Beaumont-Hague?
d   Que recommanderiez-vous pour améliorer cet ordre du jour?

4 Écrivez un ordre du jour

Lisez l'échange ci-dessous qui vient du site ForumConstruire.com. Voilà le lien pour le message: www.forumconstruire.com/construire/topic-63129.php Ensuite, répondez aux questions en bas de l'échange.

frani81

Auteur du sujet

Messages: Env. 10

Ancienneté: + de 9 ans

Le 20/07/2008 à 12h09
1ère réunion technique avant chantier
Bonjour tout le monde,
   Après une longue attente, notre permis de construire est enfin accepté.
   Le chantier devrait débuter à la rentrée. Notre constructeur nous a prévu une première réunion technique juste avant l'ouverture du chantier. Comme c'est tout nouveau pour nous, on aimerait savoir quels points vont être abordés ou devons-nous aborder lors de cette première réunion avec notre constructeur. Merci pour vos renseignements.

gaff

Messages: Env. 10000

De: Orleans (45)

Ancienneté: + de 8 ans

Le 20/07/2008 à 12h25
Bonjour Frani81 et félicitations pour le permis!
   Je ne suis pas une pro des réunions techniques et nous n'avons pas encore eu la nôtre, néanmoins je peux vous communiquer les éléments que le fournisseur nous a demandé d'étudier d'ici là, la réunion permettant de figer un certain nombres d'éléments:
   Les emplacements des prises électriques, va et vient + gaines nécessaires pour l.'extérieur (éclairage, motorisation ...) => en bref se projeter dans la vie future pour anticiper les besoins
   Choisir les carrelages et sanitaires ainsi que les emplacements d'arrivée d'eau dans les cuisines, SDB ...
   Définir les éventuels syphons de sol et réserves de chape (douche italienne) que nous souhaitons

106 *Participer à une réunion technique*

Finaliser l'emplacement des cloisons intérieures et sens d'ouverture des portes
Choisir les teintes des huisseries, volets, gouttières pour passage des commandes
Penser aux éventuelles hottes aspirantes, évacuations pour sèche linge ...
Si cuisine aménagée, fournir les plans lors de la réunion technique
Voilà, il ne s'agit que de premiers éléments de réponses, les habitués du forum pourront compléter.
Bonne continuation

Source: http://www.forumconstruire.com/construire/topic-63129.php

---

Vocabulaire utile

le chantier	le site de travail de construction
la gaine	une gaine extérieure est un tube qui protège les fils électriques et qui facilite la mise en place des appareils électriques à l'extérieur de la maison
le carrelage	la finition de sol ou de mur faite de carreaux, souvent en céramique
les sanitaires	l'équipement pour se laver et pour évacuer les déchets; la douche, le lavabo, la toilette, etc.
SDB	la salle de bains
le syphon de sol (le siphon de sol)	un appareil qui evacue l'eau
la douche italienne	une douche sans rideau et au ras du sol
la réserve de chape	la chape est une surface qui ajoute des caractéristiques specifiques aux murs ou au sol; pour une douche italienne on voudrait une chape étanche
la cloison	un mur intérieur qui sépare deux pièces
les huisseries	la partie stable contre laquelle une porte se ferme
la hotte aspirante	ça sert à évacuer l'air, dans une cuisine on a souvent une hotte au-dessus de la cuisinière

---

a   Quand "Frani81" parle de "notre permis de construire" quel est le projet de construction le plus logique pour sa situation?

A   une autoroute   C   un centre commercial
B   un bureau   D   une maison particulière

b   "Gaff" dit qu'il n'est pas un expert. Alors, d'où viennent les conseils qu'il offre à "Frani81"?

Participer à une réunion technique 107

c Quelle expression de "Gaff" résume l'objectif global de sa vision de cette première rencontre?

d "Frani81" veut savoir quels sont les sujets qu'on abordera pendant la première réunion technique. Quel est le document d'une réunion qui indique les points qui seront abordés pendant une réunion?

5 Écrivez un ordre du jour

Mettez-vous dans le rôle du constructeur pour "Frani81" et imaginez que vous organisez la réunion technique. Travaillez avec un partenaire pour écrire un bon ordre de jour pour cette réunion dans laquelle vous tenez en compte les points que "Gaff" anticipe être abordés lors d'une telle réunion.

ÉTAPE 2

[*À la fin de cette classe, vous serez capable de résumer des techniques pour faire face aux conflits dans une réunion, de réagir d'une manière efficace et appropriée à la participation d'autres lors d'une réunion, et de donner l'introduction à une réunion.*]

1 Quelles réunions?

Quelles sont les réunions auxquelles vous participez régulièrement? Quelle est la dernière réunion à laquelle vous avez participé? Quel était le sujet? Quel type de réunion? A votre avis, quels sont les problèmes les plus courants relatifs aux réunions?

2 Résoudre des problèmes liés aux réunions

Le document ci-dessous est une continuation de celui que vous avez lu pour les devoirs. L'article ci-dessous est une modification de celui qui vient du site "Energie+" (www.energie-plus-lesite.be). L'article se trouve ici: http://www.energieplus-lesite.be/index.php?id=10138. Il présente quelques conseils pour diminuer des problèmes typiques qui se passent dans les réunions. Lisez-le et répondez aux questions qui le suivent.

Tout le monde parle en même temps ... C'est la bagarre! ... Que faire ?

"*Tout le monde parle en même temps, on en profite pour régler des vieux comptes. Comment faire pour ramener ce petit monde au sujet du jour ?*"

L'objet de la communication, **c'est d'élaborer un langage commun à partir de visions différentes.** Exiger, dans une situation de conflit, un langage commun au départ, c'est faire le chemin à l'envers. **Quand le langage est devenu commun, le conflit est résolu.** Un conflit est un problème quand il n'est pas géré et qu'il ne sert pas de moteur à l'élaboration d'une **solution créative.** Voir le conflit comme source de création permet de lui redonner une signification motivante. Mais un conflit reste **éprouvant**, même quand on devient conscient de ce qu'il permet d'atteindre s'il est bien géré.

Les conflits sont le résultat d'intérêts opposés entre des personnes, mais aussi très souvent, ils sont aggravés par un **manque d'écoute** entre les protagonistes. Apprendre à mieux écouter, à reformuler les points de vue divergents nous amène dans un certain nombre de cas à nous demander où a bien pu passer le problème.

Les quatre règles suivantes vous permettront de **faire diminuer des tensions.**

- Il faut écrire le sujet, l'objectif de la réunion, de telle sorte qu'il soit visible pour tout le monde et qu'il le reste pendant la durée de la réunion. Il faut parfois rappeler l'objectif lors de la réunion.
- On peut **rendre visibles** les différents avis qui ont été émis, les arguments et surtout **les solutions** alternatives que les groupes produisent souvent dans les situations de conflit. Il est plus facile de choisir une solution aménagée en tenant compte des différentes propositions émanant d'un groupe en conflit que de faire choisir un groupe entre deux propositions antagonistes (les positions).
- Accepter que les participants aient besoin de se défouler un peu et ensuite faire revenir à l'objectif de la réunion en rappelant le temps, les objectifs et en faisant une synthèse de ce qui a déjà été réalisé.
- Quand un avis ne peut pas être pris en considération tout de suite, dire quand il le sera (dans une autre réunion, dans un rapport ou plus tard dans la réunion ...).

Source: une modification de l'article sur http://www.energieplus-lesite.be/index.php?id=10138

Questions de compréhension

1. Dans cet article, on parle des "visions différentes" et du "langage commun". Utilisez ces deux expressions pour décrire le processus d'une réunion.
2. Selon cet article, est-ce que la divergence est toujours un problème? Justifiez.
3. Qu'est-ce que l'article recommande qu'on fasse concrètement pour réduire le manque d'écoute?
4. Vous allez être conducteur d'une réunion. Reformulez les quatre règles ci-dessus avec une de ces expressions pour vous aider à vous rappeler de ces données. Utilisez le subjonctif pour les compléter.

   - il est essentiel que je ...
   - il vaut mieux que je ...
   - il est peu probable que je ...
   - je veux que ...
   - il est bien que je ...
   - je permets que ...

3 Les mots pour le dire

Avec un partenaire, pensez à deux expressions supplémentaires pour mettre en oeuvre ces conseils dans une réunion.

Participer à une réunion technique   109

- Conseil 1: Il est important de rappeler l'objectif de la réunion.

     i   *Je vous rappelle que ...*
    ii
   iii

- Conseil 2: Il faut rendre visible les différentes opinions énoncées dans la réunion.

     i   *Si j'ai bien compris, vous avez dit que ...*
    ii
   iii

- Conseil 3: Il faut laisser un peu de dissipation sans oublier les objectifs.

     i   *Ca fait du bien de rigoler comme ça avant de discuter notre sujet.*
    ii
   iii

- Conseil 4: Il faut dire quand les idées annexes seront discutées.

     i   *Je note ce sujet pour qu'on puisse l'aborder dans une autre réunion.*
    ii
   iii

4 La mise en application

Vous êtes dans une réunion pour parler de nouveaux meubles de bureau. Chaque personne a un des rôles suivants.

Le conducteur	Personne A	Personne B	Personne C
Vous guidez la réunion en mettant en application les quatre conseils ci-dessus. Vous essayez d'arriver à un consensus.	Vous aimez les meubles IKEA. Selon vous, le confort du lieu de travail est très important.	Pour vous, c'est la couleur des meubles qui compte le plus. Vous aimez raconter des blagues et parler de sport.	Vous pensez qu'il faut dépenser le moins possible sur les meubles. Vous préférez qu'on investisse dans de nouveaux matériaux informatiques.

Mettez-vous en groupes de quatre. Choisissez un des rôles. Ensuite, jouez le rôle que vous avez choisi en parlant à l'improviste. Pour la personne avec le rôle du conducteur de la réunion, vous devez mettre en application les conseils pour bien gérer la réunion.

ÉTAPE 3

[*À la fin de cette classe, vous serez capable de partager de l'information sur votre dimensionnement d'une digue, d'expliquer vos calculs et de travailler avec d'autres personnes pour planifier un projet.*]

1 Comment partager l'information dans une organisation?

Quelles sont les différentes façons de partager de l'information dans une organisation comme une entreprise, par exemple?

2 Le partage informel de l'information

Vous allez faire une simulation. Imaginez que vous êtes à la pause-café de votre entreprise. Vous croisez un(e) collègue qui a travaillé aussi sur la détermination de la masse des blocs pour la digue au Cap Corse en Méditerranée. Discutez entre vous les résultats pour savoir ce que vous avez de pareil et de différent. Notez le comportement culturel. Il faut tout d'abord dire bonjour, ensuite se serrer la main ou faire la bise, et à certain moment demander comment ça va. Après ça, vous pouvez commencer à discuter de vos résultats.

3 Vos expériences avec la masse des blocs de la digue au Cap Corse en Méditerranée

Quels sont les résultats? Quelles étaient les difficultés? Est-ce que tous les résultats sont bons? S'il y a de grandes différences dans les résultats, pourquoi?

4 Une réunion pour lancer le dimensionnement d'une autre digue

Tout d'abord, vous allez former des groupes dans lesquels vous allez travailler pour le projet final de cette classe. Formez des groupes de trois ou quatre. Ensuite, dans vos groupes, utilisez l'ordre du jour des devoirs (c'est à dire l'ordre du jour de la réunion pour lancer le projet de dimensionnement d'une digue en France sur la côte atlantique) d'une personne dans votre groupe pour guider votre réunion. Vous avez 25 minutes pour arriver à un plan pour compléter le projet. *Rappel de la situation qui a été décrite dans le cahier de préparation*: Vous travaillez pour un bureau de conseil qui veut modéliser une digue sur la côte atlantique en France. Vous êtes responsable de choisir le lieu spécifique, de trouver les données sur Candhis pour le site, et de dimensionner la digue.

Vous vous réunissez pour lancer ce projet. L'objectif principal de la réunion est d'identifier les tâches, les étapes principales, et les personnes responsables de chaque étape. A la fin de la réunion, vous devez avoir un plan pour l'aboutissement à la modélisation de la construction de la digue.

5 Faites le bilan

Indiquez avec un cercle vos réponses à ces questions.

OUI	UN PEU	NON	Le rôle de chaque personne est clair.
OUI	UN PEU	NON	J'ai pu m'exprimer clairement.
OUI	UN PEU	NON	On a écouté ce que j'ai dit.
OUI	UN PEU	NON	Notre plan est clair.
OUI	UN PEU	NON	Nous avons bien pris en compte le travail pour préparer la présentation.

6 Les prochaines étapes

Dans la prochaine classe, vous et les membres de votre groupe vous réunissez pour faire la mise à jour de vos contributions à ce projet. La fois d'après, on se réunira pour faire une réunion technique de toute la classe. Une personne sera désignée le chef de la réunion et l'objectif de cette réunion sera de sélectionner la digue que l'entreprise modélisera pour montrer la gamme et la qualité de ces compétences.

Participer à une réunion technique 111

ÉTAPE 4

[*À la fin de cette classe, vous serez capable de faire le point sur vos progrès dans un projet de groupe, de participer d'une manière efficace et appropriée dans une réunion, et de synthétiser l'information des autres pour juger les progrès d'un projet.*]

1 Mettez-vous en groupes

Sortez les ordres du jour que vous avez fait pour les devoirs. Vous avez cinq minutes pour choisir l'ordre du jour que vous allez utiliser pour votre réunion. L'auteur de l'ordre du jour sera le conducteur de la réunion.

2 Une réunion pour parler de vos progrès

Commencez votre réunion. Vous avez 30 minutes pour partager avec les autres les progrès que vous avez faits. Vous devez aussi revoir les dernières étapes du projet pour vous assurer que vous pourrez présenter du bon travail.

3 Faites le bilan

Indiquez avec un cercle vos réponses à ces questions.

OUI	UN PEU	NON	J'ai pu présenter mes expériences au passé.
OUI	UN PEU	NON	J'ai pu réagir aux informations des autres.
OUI	UN PEU	NON	Je suis confiant(e) que nous finirons le projet à temps.
OUI	UN PEU	NON	Notre réunion s'est déroulée selon l'ordre du jour.

4 La dernière étape

Dans la prochaine classe, on fera une réunion technique de toute la classe. Une personne sera désignée le conducteur de la réunion et l'objectif de cette réunion sera de sélectionner une digue atlantique que l'entreprise modélisera pour montrer la gamme et la qualité de ces compétences. Chaque groupe présentera sa digue et une décision sera prise à la fin de la réunion.

ÉTAPE 5

[*À la fin de cette classe, vous serez capable de partager de l'information, de réagir aux informations des autres, et de négocier un consensus à l'intérieur d'un groupe.*]

1 Jouez un rôle actif et constructif pendant une réunion

Il y aura une réunion technique avec tous les étudiants de la classe pour choisir la digue que l'entreprise utilisera pour ses modélisations. Une personne de la classe sera le conducteur de la réunion dont l'objectif est le choix de la digue à modéliser. Chaque groupe présentera sa digue en expliquant avec des graphiques ces choix techniques. Le conducteur sollicite les conseils des participants. Le conducteur fait la décision finale tout en considérant ce qu'on a dit pendant la réunion.

112 *Participer à une réunion technique*

2 Vos réactions suite à la réunion

- Qu'est-ce qui a bien marché?
- Qu'est-ce qui aurait pu mieux marcher?
- Dans quelle mesure aviez-vous les connaissances techniques suffisantes pour faire ce projet?
- Pour la présentation de votre digue, quels étaient les aspects les plus difficiles?

  - le français technique
  - la communication des équations
  - la communication des chiffres
  - la création des graphiques

- Pour la discussion pendant la réunion, quels étaient les aspects les plus difficiles?

  - comprendre les autres
  - réagir aux autres
  - trouver l'occasion de parler

3 Bilan des compétences du chapitre

Lisez les énoncés ci-dessous et indiquez dans quelle mesure vous êtes capable de les faire.

a   Je peux écrire l'ordre du jour d'une réunion pour atteindre les objectifs de ladite réunion.

   C'est sûr   Oui, en général   Parfois   Pas vraiment

b   Je peux jouer un rôle spécifique dans une réunion compliquée où tout le monde a un point de vue différent.

   C'est sûr   Oui, en général   Parfois   Pas vraiment

c   Je peux écrire un résumé bref au passé d'une manipulation de laboratoire.

   C'est sûr   Oui, en général   Parfois   Pas vraiment

d   Je peux suivre et critiquer les arguments des étudiants quand ils présentent leur dimensionnement d'une structure.

   C'est sûr   Oui, en général   Parfois   Pas vraiment

e   Je peux comprendre des conseils détaillés pour le bon déroulement d'une réunion.

   C'est sûr   Oui, en général   Parfois   Pas vraiment

f   Je peux parler en détail des calculs que j'ai faits pour dimensionner une structure.

   C'est sûr   Oui, en général   Parfois   Pas vraiment

g   Je peux présenter un argument pour défendre et soutenir les choix techniques du dimensionnement d'une structure.

   C'est sûr   Oui, en général   Parfois   Pas vraiment

4 Plan d'apprentissage indépendant du cours entier

Pensez au cours entier. Ensuite, pour les phrases ci-dessous, entourez la réponse qui convient à votre auto-évaluation de vos compétences. Ensuite, pensez à une action concrète qui vous aidera à renforcer les compétences ci-dessous. Réfléchissez et puis écrivez l'action spécifique juste à côté de la compétence.

a Je peux suivre des cours liés à mes intérêts techniques.

C'est sûr   Oui, en général   Parfois   Pas vraiment

b Je peux comparer des différences entre deux choses que je connais bien et discuter les avantages et les inconvénients de chacune.

C'est sûr   Oui, en général   Parfois   Pas vraiment

c Je peux trouver de l'information au sujet d'une entreprise et expliquer dans quelle mesure elle m'intéresse.

C'est sûr   Oui, en général   Parfois   Pas vraiment

d Je peux partager au passé mes expériences personnelles, académiques, et professionnelles avec d'autres personnes.

C'est sûr   Oui, en général   Parfois   Pas vraiment

e Je peux présenter de l'information chiffrée et des équations.

C'est sûr   Oui, en général   Parfois   Pas vraiment

f Je peux planifier un projet pour présenter sa durée, ses étapes, et son coût.

C'est sûr   Oui, en général   Parfois   Pas vraiment

g Je peux comprendre des documents techniques détaillés.

C'est sûr   Oui, en général   Parfois   Pas vraiment

h Je peux présenter de l'information technique dans une manière qui renseigne le public non-spécialisé.

C'est sûr   Oui, en général   Parfois   Pas vraiment

i Je peux échanger de l'information technique avec des gens qui connaissent bien le sujet.

C'est sûr   Oui, en général   Parfois   Pas vraiment

j Je peux comprendre des présentations de l'information techniques et complexes.

C'est sûr   Oui, en général   Parfois   Pas vraiment

Index

Les numéros de page en *italique* font référence à des photographies et autres illustrations.

Abécassis, Denis 52
adverbes: de chronologie 60, 83; de degré 11–12, 32; de fréquence 30, 32
agenda *57*
amphithéâtre *75*
ampoule *50*, 51
appréciation: description de cours d'ingénieurs 5–7; différence culturelle entre Américains et Français 9; exemple d'un entrepreneur 7, 9
association, jeu d' 14
autoévaluation *voir* compétences linguistiques, bilan des
autoroutes 55–56
avions 7, *8*

Bastide, Isabelle 20
batteries: et portables/laptops 95–8, 100; *voir aussi* piles électriques
Beaumont-Hague, ordres du jour d'une réunion du conseil municipal *104*
béton: coût du 47–8; différentes formulations 87; fabrication d'éprouvettes et mortier 85–7, *87*; graphes et essai sur béton 82–3; malaxeur *85*; TP en matériaux cimentaires 80–1, *87*
bibliothèque, salle de *75*
bilan d'une entreprise: définition 23; *voir aussi* compétences linguistiques, bilan des
boues rouges 71
Bugatti Veyron 57

calendrier *58*
capacités 11–12; *voir aussi* qualités personnelles
Carré, Hélène, TP matériaux cimentaires 80–1, *87*
Casanova, Gérard 52
causalité, expressions de 60
Centre de Documentation Economie-Finances, classement des entreprises 22–3
changements, techniques pour les faire accepter 98–9
chiffre d'affaires, définition 23

chiffres 37, 39, 47–9; *voir aussi* équations; graphes/graphiques; tendances
chronologie, adverbes de 60, 83
ciment *voir* béton
circonlocution: expressions 64, 70, 77; objets à décrire *64–7*
coloscopie, simulateur pour *32*
Comment Ça Marche, forum de discussion "CCM" 91, 95, 96
communication: stratégies de 10, 12, 16, 77; *voir aussi* circonlocution; écoute active; présentations orales; présentations techniques; réunions techniques
comparaisons 43
compétences: d'ingénieurs 11–12; *voir aussi* compétences linguistiques, bilan des; qualités personnelles
compétences linguistiques, bilan des: chiffres, équations et graphes 49; étapes, durée et coût d'une solution 63; expériences de laboratoire 88–9; préparation académique (études) 15; présentations techniques 73; résolution de problèmes (dépannage informatique) 101; réunions techniques 112–13; stages 35–6
conditionnel (verbes) 69
Conférence des directeurs des écoles françaises d'ingénieurs (CDEFI) 13, 14
Conférence des Grandes Ecoles (C.G.E.) 13, 14
conflits, résolution de pendant une réunion 107–9
cours: cours magistraux 6; différentes catégories de 2; *voir aussi* études; travaux pratiques (TP)
coûts et prix: calculs des coûts 52–3; fourchettes de prix 53–4; jeu de rôles sur coûts et durée 61; lampe de démonstration *50–1*, 51; négocier un prix 61, *62*, 63
"Culture Informatique" (forum de discussion) 90–1

degré, adverbes de 11–12, 32
démographie, Thouaré-sur-Loire (1801–2007) *47*

116 *Index*

Denoeud, Corentin 7, 9
dépannage: au Québec et en France 100, *100–1*; *voir aussi* dépannage informatique
dépannage informatique: analyse de messages 90–1; étapes de dépannage 92–3; postuler à un emploi de dépannage 93–4; problèmes de batteries avec portables/laptops 95–8, 100; techniques pour faire accepter un changement 98–9
dessin *59*; dessin humoristique *102*; *voir aussi* graphes/graphiques
digue, réunions pour choix d'une digue 110, 111–12
diplôme d'ingénieur-informaticien *62*

eaux usées, traitement des 70–1
École Nationale Supérieure d'Ingénieurs de Limoges (ENSIL), document sur filtres-presses 67–9
École Polytechnique, classe d'ingénieurs *40*
écoles d'ingénieurs: en France 1–2; photos de classes *6, 40*; "Qui seront les ingénieurs de demain ?" 12–14
écoute active 10, 12, 23–4, 26, 81
électroménager *voir* GEM (gros électroménager)
embauche *voir* entretiens d'embauche
Energie+ (site internet) 107
entrepreneuriat 7, 9, 13, 14
entreprises: attributs d'une bonne entreprise 18–19; "Ce qui attire les jeunes diplômés" (*Harvard Business Review France*) 19–22; classement des entreprises 22–4; entreprises et secteurs d'activité 16, *17*, 18; exercice d'animation de listes 24–5; présentation orale 25–6
entreprises de taille intermédiaire (ETI) 22–3
entretiens d'embauche: conseils et techniques 34–5; emplois de dépannage informatique 93–4
éprouvettes, fabrication de et mortier 85–7, *87*
équations 37, 39–42, *41*, 49
étapes (conception/fabrication d'un produit): autoroutes 55–56; Ligne à Grande Vitesse (LGV) Montpellier-Perpignan 55, *56*; main bionique 57; pneu pour nouvelle voiture 57; préparation d'un examen 57; préparation d'une petite fête 60
étapes (dépannage informatique) 92–3
étapes (expériences de laboratoire) 77–8, 81
ETI (entreprises de taille intermédiaire) 22–3
études: cours, écoles et spécialisations 1–5; description et appréciation des cours 5–9; discussions au passé et stratégies de communications 9–11; discussions sur compétences et capacités 11–12; document officiel sur écoles d'ingénieurs 12–14; rédaction de rapport sur formation d'ingénieurs en France 14–15; *voir aussi* qualifications

examens, préparation d'un examen 60
expériences de laboratoire: circonlocution 77; équipement 75, *76*, 77, *78–80*; étapes d'une expérience 77–8, 81; fabrication d'éprouvettes et mortier 85–7, *87*; fonctions des équipements 78–80; formulations de béton 87; graphes et essai sur béton 82–5, *82–3, 84*; images de salles *74–5*; objectif d'un TP en matériaux cimentaires 80–1; rapports techniques 88
expressions: de causalité 60; de circonlocution 64, *64–7*, 70, 77; de fluidité 27, 56–7, 60

"fabriquer" 18
fêtes, préparation d'une petite fête 60
fiches techniques 39
fils de connexion 51
filtres-presses: document de l'ENSIL sur 67–9; et boues rouges 71
Fioraso, Geneviève 13–14
fluidité, expressions de 27, 56, 60
Forum Construire (site internet) 105
fourchettes: de coûts 52, 53; de prix 53–4
"fournir" 18
fractions 45
fréquence, adverbes de 30, 32

gaz à effet de serre, émissions de *43*, 45
GEM (gros électroménager), chiffres de ventes *44*, 45, *46*
grandes entreprises 22–3
graphes/graphiques 45, *46–7*, 82–5, *82–3, 84*; *voir aussi* dessin
gravité, influence de sur la vitesse *46, 47*

Harvard Business Review France, "Ce qui attire les jeunes diplômés, ce que recherchent les talents" 19–22
hésitations 32
humour, *Réunions, Y'en a marre* (dessin) *102*

impératif (verbes) 81
indicatif (verbes) 99
informatique: diplôme d'ingénieur-informaticien *62*; *voir aussi* dépannage informatique; ordinateurs
Institut National des Sciences Appliquées (INSA, Lyon) 2, 6–7
interrupteur 51
ISA BTP, École d'Ingénieurs 2, 80

Jamet, Philippe 13

laboratoires: équipement de 75, *76*, 77, *78–80*; photographies de *41, 74*; *voir aussi* expériences de laboratoire
lampe de démonstration *50–1*, 51

Index 117

laptops/portables, problèmes de batteries 95–8, 100
Lerminiaux, Christian 13
Ligne à Grande Vitesse (LGV) Montpellier-Perpignan 55, *56*
listes, exercice d'analyse et d'animation 24–5

main bionique 59
méthode "TOP" 103
microentreprises 22–3
Ministère de l'Education Nationale, de l'Enseignement Supérieur et de la Recherche, "Qui seront les ingénieurs de demain ?" 12–14
Monde diplomatique, filtres-presses et boues rouges 71
mortier *voir* béton
mots-liens 56
MSI France 99

NASA Orbiter Processing Facility, Atlantis *31*

"on" (pronom) 56
ordinateurs 37, *38*; *voir aussi* dépannage informatique
ordres du jour 103, 105–7, 111; réunion du conseil municipal de Beaumont-Hague *104*

passé (verbes) 9–10, 35, 57, 83, 85; *voir aussi* passé composé; plus-que-parfait
passé composé 60, 83
petites et moyennes entreprises (PME) 22–3
piles électriques *50*, 52; *voir aussi* batteries
plus-que-parfait 83
PME (petites et moyennes entreprises) 22–3
pneu, étapes de conception 57
population, Thouaré-sur-Loire (1801–2007) *47*
portable (téléphone) *59*
portables (laptops), problèmes de batteries 95–8, 100
"pouvoir" (verbe) 11–12
préparation académique *voir* études
présent (verbes) 56
présentations orales 25–6, 35–6, 48–9; *voir aussi* présentations techniques
présentations techniques: circonlocution 64, *64–7*, 70; document sur filtres-presses 67–9; préparation et évaluation 69, 72–3; situations hypothétiques et conditionnel 69; solutions techniques 70; traitement des eaux usées et boues rouges 70–1; *voir aussi* présentations orales
prix *voir* coûts et prix
problèmes, résolution de *voir* dépannage informatique
"produire" 18

qualifications 33–4, 35, 36; *voir aussi* études
qualités personnelles 30–3

rapports techniques 88
Renault 4, photographie *62*
résidences universitaires: chambre de 54; Résidence La Mare-gaudry (Université de Technologie de Compiègne) *54–5*
résolution de problèmes *voir* dépannage informatique
réunions techniques: dessin humoristique *102*; objectifs d'une réunion 103; ordres du jour 103, *104*, 105–7, 111; partage de l'information 109–10; préparation et méthode "TOP" 103; résolution de conflits 107–9; réunions pour choix d'une digue 110, 111–12

salle de classe, fourchette de prix pour finition de 53–4
salles, images de *74–5*
"savoir" (verbe) 11–12
Sony Bravia (télévision) *61*
spécialisation 1, 5, 18; "se spécialiser" 2
stages: analyse d'offres de stage 27–30; entretiens d'embauche 34–5; qualifications 33–4, 35, 36; qualités personnelles 30–3
subjonctif (verbes) 99, 108

Techniques pour l'ingénieur (site internet) 103
téléphone portable *59*
télévision, Sony Bravia *61*
tendances 42–3, 45, 49
Tesla 57
Thouaré-sur-Loire, démographie (1801–2007) *47*
"TOP" (méthode de préparation de réunion) 103
travaux dirigés (TD) 2
travaux pratiques (TP) 2, 6; TP matériaux cimentaires 80–1, *87*
"tronc commun" 1, 2

unités de mesure 37, 39
Université de Technologie Compiègne (UTC): cours 2–5; petite fête des rois 60; Résidence La Mare-gaudry *54–5*

Véolia, vidéo sur traitement des eaux usées 70–1
verbes: conditionnel 69; impératif 81; indicatif 99; passé 9–10, 35, 57, 83, 85; passé composé 60, 83; plus-que-parfait 83; présent 56; subjonctif 99, 108
vitesse, influence de la gravité sur *46*, *47*
voitures: Bugatti Veyron 57; Renault 4 (photographie) *62*

Wijet 9